SALVETE

Begleitgrammatik

von
Armin Höfer

unter beratender Mitarbeit von
Alfred Bertram, Manfred Blank,
Doris Bonz-Ammon,
Gabriele Erasmus-Sarholz,
Werner Fortmann,
Gisa Lamke, Ansgar Lenz,
Elisabeth Zwölfer

Cornelsen

unter beratender Mitarbeit
von Werner Schmidt

Redaktion: Werner Schmidt
Grafik: Klaus Ensikat
Umschlaggestaltung: Katrin Nehm
Gestaltung und technische Umsetzung: Katrin Nehm

1. Auflage Druck 4 3 2 1 Jahr 98 97 96 95

Alle Drucke dieser Auflage können im Unterricht
nebeneinander verwendet werden.

ISBN 3-464-797147

Bestellnummer 797147

gedruckt auf säurefreiem Papier, umweltschonend hergestellt
aus chlorfrei gebleichten Faserstoffen

Vorwort

Aufgabe der Grammatik zum Lehrwerk SALVETE ist es, die Sprachvermittlung anhand des Bandes bzw. der Bände Texte und Übungen zu begleiten und zu unterstützen:

1. Die grammatikalischen Erläuterungen der/des Lehrenden werden durch diese Grammatik nicht ersetzt. Sie wird diese aber ergänzen und ermöglicht Schülerinnen und Schülern einen raschen Zugriff, um Stoff nachzulernen, zu festigen oder zu vertiefen.

2. Die SALVETE-Grammatik ist Texte und Übungen, Bd. 1, Bd. 2 bzw. dem Gesamtband nachgeordnet. Sie lehnt sich daher eng an deren Grammatikprogression an. Das Inhaltsverzeichnis dieser Bände gilt also gleichermaßen für die Begleitgrammatik; außerdem sind die Beispielsätze fast ausnahmslos – meist in leicht veränderter Form – den Lektionstexten entnommen. Bei den deutschen Übersetzungen wurde besonders darauf geachtet, den Wortlaut am heutigen Sprachstandard zu orientieren.
   Das Aufbauprinzip der SALVETE-Grammatik lautet: von der Form eines Wortes oder Satzes zu dessen Funktion. Bei der Darstellung der Aufgaben (Funktionen) der betreffenden Formen ist sorgfältig erwogen, ob zuerst die syntaktische oder die semantische Funktion zu berücksichtigen ist.
   Natürlich erhält in der Regel die Syntax den Vortritt, z.B. bei der Behandlung der Satzglieder; wo aber die Gefahr besteht, dass Zusammengehöriges durch eine Überbetonung der Regelhaftigkeit der Syntax auseinandergerissen würde, erscheint die Semantik als Ordnungsprinzip, so z.B. bei den Finalsätzen oder den nd-Formen.
   Zum Aufbau der SALVETE-Grammatik im besonderen: Nach den Beispielsätzen, in denen die neue grammatikalische Erscheinung zumeist unterstrichen ist, folgt deren Form und gegebenenfalls die Bildungsweise, danach stehen die syntaktischen und semantischen Funktionen. In Satzmodellen und Formentabellen sind neue grammatikalische Erscheinungen durch Farbdruck hervorgehoben.

3. Vor allem möchte die SALVETE-Grammatik der Situation und den Wünschen der Schülerinnen und Schüler gerecht werden, die Englisch als erste und Latein als zweite Fremdsprache gewählt haben. Daher werden in dieser Grammatik zum besseren Verständnis der lateinischen Grammatik Kenntnisse aus der englischen Schulgrammatik herangezogen, die in der 5. und 6. Jahrgangsstufe erworben oder ab der 7. Jahrgangsstufe parallel zum Lateinunterricht vermittelt werden. Mit diesem Verfahren können nicht nur der lateinische Sachverhalt, sondern auch die englische Spracherscheinung gegenseitig erhellt und erläutert werden, z.B. beim AcI, NcI, dem doppelten Akkusativ/Nominativ oder bei der Wortstellung.

Um den Vergleich von Latein, Englisch und Deutsch auch optisch wirksam werden zu lassen, weisen Rufus, Jane und Thorsten an geeigneten Stellen darauf hin.

Selbstverständlich wurde bei den grammatikalischen Erläuterungen berücksichtigt, daß nicht alle Schülerinnen und Schüler mit gleich hohen Kenntnissen der deutschen Grammatik aufwarten können. Deshalb ist den Beiträgen zu den einzelnen Lektionen der Abschnitt Zur Wiederholung (S. 6–8) mit grundlegenden Informationen vorangestellt.

In der Hoffnung, daß die SALVETE-Grammatik durch ihre stützende Funktion im ganz konkreten Fall eine hilfreiche Begleiterin sei, wünsche ich ihren Benutzern Erfolg, und danke den Ko-Autorinnen und -Autoren, den Beraterinnen und Beratern des Lehrwerks SALVETE für ihre Mitarbeit.

Armin Höfer

Aussprache, Betonung und Schreibung

1. Aussprache

Liebe Schülerin, lieber Schüler,
Latein kannst du in der Regel so sprechen, wie man es schreibt. Nur wenige Laute werden anders ausgesprochen als im Deutschen:

c wurde im 1. Jahrhundert v. Chr. wie [k] gesprochen: spectat, aedificium, später wie deutsches [ts] (= z) vor e, i, ae: vgl. deutsch »Cäsar«. Im Unterricht werden heute beide Ausspracheformen verwendet.

s wird immer stimmlos gesprochen, wie in engl. »sea«, deutsch »Füsse«

st und sp werden nicht wie [scht] und [schp], sondern als [st] und [sp] gesprochen: stat, spectat.

ti wurde im 1. Jh. v. Chr. als [ti] gesprochen: negotium, später wie deutsches [tsi] (= zi), vgl. deutsch »Nation«. Im Unterricht werden heute beide Ausspracheformen verwendet.

v wird nicht wie in deutsch »Vogel«, sondern entweder wie in »wo« oder etwa wie in engl. »what« ausgesprochen: servus.

ae wurde im 1. Jh. v. Chr. ähnlich wie [ai] gesprochen: aedificium, später wie deutsches [ä], vgl. lat. Caesar, dt. Cäsar. An den meisten Schulen ist heute die Wiedergabe durch [ä] üblich.

2. Betonung

Zweisilbige Wörter haben die Römer auf der vorletzten Silbe betont (Rū́fus, spéctat); auch drei- und mehrsilbige Wörter werden auf der vorletzten Silbe betont, wenn sie lang ist (figū́ra, pictū́ra), sonst auf der drittletzten Silbe (dóminus). Lange Vokale (Selbstlaute) erkennst du im Lektionswortschatz an den Längenzeichen über dem Buchstaben: ā, ē, ī, ō, ū. Auch Diphthonge (Doppellaute, vgl. ae in aedificium) und Silben, in denen auf einen Vokal zwei Konsonanten (Mitlaute) folgen (fortásse, nonnúmquam), sind lang (ae in aedificium).

3. Schreibung

Wie im Englischen schreibt man im Lateinischen nur das erste Wort eines Satzes, die Eigennamen und Namen von Völkern, Ländern und Städten mit Großbuchstaben. Dies gilt für Substantive und Adjektive.

Zur Wiederholung

1. Wortarten

Im Lateinischen, Englischen und Deutschen gibt es verschiedene Wortarten; einige Wortarten ändern ihre Form nicht, andere können verschiedene Formen annehmen.
Die veränderbaren Wortarten werden dekliniert, konjugiert oder in anderer Weise verändert (z. B. gesteigert).

deklinieren

Deklinieren bedeutet, ein Nomen in seine Fälle zu setzen:

Vergleiche:

Kasus (Fall)	Singular (Einzahl)	Plural (Mehrzahl)
Nominativ (Wer-Fall)	der Mensch	die Menschen
Genitiv (Wessen-Fall)	des Menschen	der Menschen
Dativ (Wem-Fall)	dem Menschen	den Menschen
Akkusativ (Wen-Fall)	den Menschen	die Menschen

konjugieren

Konjugieren heißt, ein Verb in seine drei Personen zu setzen:

Singular: 1. Person ich gehe; 2. Person du gehst; 3. Person er/sie/es geht
Plural: 1. Person wir gehen; 2. Person ihr geht; 3. Person sie gehen.

A. Veränderbare Wörter	Wortart	Deutsch	Latein	Englisch[1]
1. Konjugierbare Wörter Das Verb(um) (Zeitwort)/ die Verben (Verba)		z. B.:	z. B.:	z. B.:
	Vollverb	sitzen	sedēre	to sit
	Hilfsverb	sein	esse	to be
2. Deklinierbare Wörter Das Nomen/die Nomina	Das Substantiv[2] (Hauptwort)	Form	forma	form
	Das Adjektiv (Eigenschaftswort)	gut	bonus	good
	Das Pronomen (Fürwort)	wer?	quis?	who?
	Das Numerale (Zahlwort)	zwei	duo	two

[1] Im Englischen werden Verben und Nomina nicht konjugiert oder dekliniert, sondern nur selten an ihrem Wortende verändert:
She likes Latin, aber: I/you/we/they like Latin.

[2] Im Deutschunterricht wird z. T. auch die Bezeichnung *Nomen* verwendet.

B. Unveränderbare Wörter	Wortart	Deutsch	Latein	Englisch
Die Partikel/die Partikeln	Die Präposition (Verhältniswort)	für	prō	for
	Das Adverb (Umstandswort)	manchmal	nōnnumquam	sometimes
	Die Konjunktion (Bindewort; beiordnend)	und	et	and
	Die Subjunktion (Bindewort; unterordnend)	weil	quod	because
	Die Negation (Verneinungswort)	nicht	nōn	not

2. Von der Wortform zum Text

Diese Grammatik möchte dir helfen, lateinische Texte zu verstehen.
Der kleinste Teil eines Textes, der eine Bedeutung tragen kann, ist das Wort. *Wort*
Auch Wortbestandteile wie Vor- oder Nachsilben können die Bedeutung von Wörtern beeinflussen (z. B. Vorwort; wörtlich).
Eine sinnvolle und grammatisch richtige Anordnung von Wörtern ist ein Satz. *Satz*
Nach ihrer Form unterscheiden wir unabhängige (= Hauptsätze) und abhängige Sätze (= Nebensätze), nach ihrem Inhalt Aussage-, Aufforderungs- und Fragesätze. Sind Sätze in einer inhaltlich zusammenhängenden Folge angeordnet, spricht man von einem Text. *Aussagesatz Aufforderungssatz, Fragesatz*

3. Die Funktion der Wörter in Satz und Text

Um die Texte in lateinischer Sprache lesen und übersetzen zu können, solltest du die Wörter und Wortformen des Lateinischen gut kennen. Dann wirst du die Aufgabe bzw. Funktion der Wörter in Satz und Text verstehen.
Den engen Zusammenhang zwischen Form und Funktion eines Wortes soll an geeigneten Stellen ein graphisches Satzmodell verdeutlichen. Dieses Satzmodell zeigt dir die syntaktischen und semantischen Funktionen der Wörter und Wortformen. *syntaktische Funktion*
Die syntaktische Funktion zu bestimmen bedeutet, die Aufgabe von Wörtern innerhalb eines Satzes festzustellen. Ein Satz hat Satzpositionen (Satzteile), die von den Satzgliedern Subjekt (Satzgegenstand), Prädikat (Satzaussage), Objekt (Satzergänzung) und Adverbiale (Umstandsbestimmung) sowie dem Satzgliedteil Attribut (Beifügung) ausgefüllt werden können. Die semantische Funktion von Wörtern, Satzpositionen und Sätzen zu bestimmen heißt anzugeben, welche inhaltlichen Aussagen mit ihnen gemacht werden. *Satzglied* *Satzgliedteil* *semantische Funktion*

Beispiel:

Frösche fressen alle Störche gerne.

Nach der syntaktischen und semantischen Funktion seiner Wörter läßt sich dieser Satz folgendermaßen veranschaulichen:

Wortart: (Wortform)	Substantiv (Akk. Pl.)	Verb (3. Pers. Pl.)	Adjektiv	Substantiv (Nom. Pl.)	Adverb (unveränderlich)
	Frösche	fressen	alle	Störche	gerne.
Satzposition: Syntaktische Funktion	**Objekt**	**Prädikat**	**Attribut**	**Subjekt**	**Adverbiale**
Semantische Funktion:	Ziel der Handlung	Kennzeichnung der Handlung	nähere Bestimmung, hier zum Ausgangspunkt der Handlung	Ausgangspunkt der Handlung	Umstandsbestimmung, hier Bestimmung der Art und Weise

Beachte: Im Satzmodell der SALVETE-Grammatik werden Subjekt und Prädikat jeweils durch eine Unterlegung (gerasterte Fläche) hervorgehoben.

Lectio I

1. Syntaktische Funktionen von Wortarten: Subjekt und Prädikat

Apollodōrus docet. Apollodorus unterrichtet.

Wortart:	Substantiv	Verb
	Apollodōrus	docet.
Satzposition:	**Subjekt**	**Prädikat**

Die Satzposition des Subjekts wird in unserem Beispielsatz von einem Substantiv (hier: Apollodōrus), die Satzposition des Prädikats von einem Verb (docet) ausgefüllt.
Das Prädikat läßt sich im Satz mit »Was ist/wird ausgesagt?«, das Subjekt mit »Wer oder was tut/ist?« erfragen.

2. Die syntaktische Funktion der Wortformen von Substantiv und Verb

Die Wortart bietet nur eine sehr allgemeine Möglichkeit, die syntaktische Funktion eines Wortes festzulegen. Viel genauere Kenntnisse gewinnst du durch die Formen der Substantive und Verben.

a) Das Verbum: Form und Funktion der 3. Person Singular

Rūfilla labōrat. Rufilla arbeitet.
Apollodōrus docet. Apollodorus unterrichtet.
Lȳdia est serva. Lydia ist eine Sklavin.

Wortart: (Wortform)	Substantiv (Nom. Sg.)	Verb (3. Pers. Sg.)
	Rūfilla	labōrat.
Satzposition:	**Subjekt**	**Prädikat**

Die lateinischen Verben haben am Wortende einen Laut oder eine Gruppe von Lauten, die dem Hörer oder Leser anzeigen, welche und wie viele Personen etwas tun. Dieser Laut oder diese Lautgruppe heißt Personalendung. Das -t am Ende eines Verbs zeigt im Lateinischen (und Deutschen!) die 3. Person Singular an.

Personalendung

Verbalstamm

Die lateinischen Verben bestehen aus dem Verbalstamm und der Personalendung. Der Stamm trägt – neben etwaigen Vorsilben – die Bedeutung des Verbums.

a-Konjugation
e-Konjugation

Wenn der Verbalstamm ein -a vor der Endung hat, spricht man von Verben der a-Klasse oder a-Konjugation; hat der Stamm ein -e vor der Personalendung, gehört das Verb zur e-Konjugation.
Das Hilfsverb esse hat eine eigene Konjugation.

Servus docet. Libenter labōrat. — Der Sklave unterrichtet. Er arbeitet gerne.
The slave is teaching. He likes working.

Anders als im Deutschen und Englischen benötigen die lateinischen Verben keine Personalpronomina (persönlichen Fürwörter), um die Person anzuzeigen, die etwas tut; hierfür genügt die Personalendung. Somit kann das Subjekt allein durch die Personalendung des Verbs angezeigt werden.

Die 3. Person Singular bei verschiedenen Konjugationen			
Person	ā-Konjugation	ē-Konjugation	Hilfsverb esse
3. Sg.	labōrat er/sie/es arbeitet	docet er/sie/es lehrt	est er/sie/es ist

b) *Das Substantiv: Form und Funktion des Nominativ Singular*

Servus docet.	Der Sklave unterrichtet.
Lȳdia labōrat.	Lydia arbeitet.
Negōtium iuvat (s. L 4, S. 22).	Die Arbeit macht Spaß.

Auch die lateinischen Nomina, in den Beispielsätzen Substantive, haben am Wortende einen Laut oder eine Lautgruppe, die dem Hörer/Leser zeigt, welche Funktion das Nomen im Satz hat. Durch die Wortform erfahren wir, in welchem Fall (Kasus), in welcher Zahl (Numerus: Singular/Plural) und in welchem Geschlecht (Genus) das Nomen im Satz steht.

Kasus
Numerus
Genus

Die Formen -us, -a, -um bezeichnen jeweils den Nominativ Singular und kennzeichnen daher das Subjekt. Das Wortende eines Nomens heißt Ausgang; diesem geht der Wortstock voraus.

Wortstock	Ausgang
domin	us
domin	a
negōti	um

Die lateinischen Substantive können entweder im Maskulinum (männlichen Geschlecht), Femininum (weiblichen Geschlecht) oder Neutrum (sächlichen Geschlecht) vorkommen.

Maskulinum
Femininum
Neutrum

Das Genus eines Substantivs wird in der Regel vom Wortausgang angezeigt; die Substantive auf -us, die du bisher gelernt hast, sind Maskulina, die Substantive auf -a sind Feminina, die Substantive auf -um sind Neutra; die Maskulina auf -us und die Neutra auf -um (in früher lateinischer Zeit auf -os und -om) gehören zur o- oder zweiten Deklination, die Feminina auf -a zur a- oder ersten Deklination.

o- oder
2. Deklination
a- oder
1. Deklination

Deklinationen im Lateinischen

		ā- (erste) Deklination	o- (zweite) Deklination	
		Femininum	Maskulinum	Neutrum
Sg.	Nominativ (Wer-Fall)	fīlia die/eine Tochter	servus der/ein Sklave	negōtium die/eine Arbeit

Unterschiedliche Genera des lateinischen Substantivs und der deutschen Entsprechung

Oft stimmen im Lateinischen und Deutschen die grammatischen Genera von Substantiven nicht überein: Die/Eine Arbeit – aber: negōtium.

Kein Artikel im Lateinischen

Servus docet.

Der Sklave/Ein Sklave unterrichtet.
The slave/A slave is teaching.

In der lateinischen Sprache gibt es keinen Artikel (Begleiter). Die Übersetzung mit bestimmtem, unbestimmtem Artikel oder ohne Artikel wird durch den Satzzusammenhang (Kontext) nahegelegt.

Kongruenz der Formen von Subjekt und Prädikat

Wortart: (Wortform)	Substantiv (Nom. Sg. Fem.)	Vollverb (3. Pers. Sg.)
	Rūfilla	labōrat.
Satzposition:	**Subjekt**	**Prädikat**

Kongruenz Zwischen den Wortformen des Prädikats und Subjekts besteht Kongruenz (Übereinstimmung) im Numerus; steht das Verb in der Einzahl, so steht auch das Nomen im Singular.

3. Unterschiedliche Satzpositionen von Adjektiven und Substantiven

a) Form des Adjektivs

Servus bonus	der gute Sklave/ein guter Sklave (the/a good slave)
Fīlia bona	die gute Tochter/eine gute Tochter (the/a good daughter)
Negōtium bonum	die gute Arbeit/eine gute Arbeit (the/a good job)

Viele Adjektive des Lateinischen werden nach der a-Deklination (femininer Ausgang) und der o-Deklination (maskuliner und neutraler Ausgang) dekliniert:

Formen des Nominativ Singular:

bonus, bona, bonum (abgekürzt: bonus, -a, -um):	der gute/die gute/das gute; ein guter/eine gute/ein gutes; gut

Ausgänge des Adjektivs

Im Deutschen wird das Adjektiv je nach seiner Verwendung im Satz mit oder ohne Ausgang gebraucht. Das lateinische Adjektiv hat immer einen Ausgang, das englische bleibt unverändert (siehe Beispiele!), abgesehen von der Steigerung.

b) *Funktionen von Adjektiven und Substantiven*

Das Adjektiv als Attribut

W:	Substantiv (Nom. Sg. M.)	Adjektiv (Nom. Sg. M.)	Verb (3. Pers. Sg.)
	Servus	Graecus	docet.
		Attribut	
S:	**Subjekt**		**Prädikat**

Der griechische/ein griechischer Sklave unterrichtet.

Das Adjektiv Graecus, -a, -um (griechisch) ist hier ein Attribut (eine Beifügung) zum Substantiv servus, das in diesem Satz die syntaktische Funktion des Subjekts hat.
Ein Attribut ist kein eigenständiges Satzglied, sondern die syntaktische und semantische (= inhaltliche) Kennzeichnung eines anderen Satzglieds. Seine Funktion ist daher die eines Satzgliedteils.
Das adjektivische Attribut ist im Deutschen und Lateinischen in Kasus, Numerus und Genus mit seinem Beziehungswort kongruent (übereinstimmend). Man spricht hier von der KNG-Kongruenz. Das Adjektiv erfragt man, wenn es als Attribut gebraucht ist, mit der Frage: »Was für ein?« *KNG-Kongruenz*

Das Adjektiv und Substantiv als Prädikatsnomen

W:	Substantiv (Nom. Sg. M.)	Adjektive (Nom. Sg. M.)		Hilfsverb (3. Pers. Sg.)
	Servus	Graecus	bonus	est.
		Attribut	Prädikatsnomen	Kopula
S:	**Subjekt**		**Prädikat**	

Substantiv (Nom. Sg. F.)	Substantiv (Nom. Sg. F.)	Hilfsverb (3. Pers. Sg.)
Caecīlia	domina	est.
	Prädikatsnomen	Kopula
Subjekt	**Prädikat**	

Das Adjektiv bonus bildet im Beispielsatz neben dem Hilfsverb est die 2. Hälfte des Prädikats, ist also prädikativ verwendet. Das Hilfsverb hat dabei die Funktion der Kopula (Verbindung), das Adjektiv die Funktion des Prädikatsnomens (Prädikatswortes), das im Deutschen endungslos ist. Als Teil des Prädikats bezieht sich das adjektivische Prädikatsnomen auch auf das Subjekt und steht zu diesem in KNG-Kongruenz.

Das Substantiv domina ist im rechten Satzmodell ebenfalls Teil des Prädikats und dient auch dort als Prädikatsnomen; der andere Prädikatsteil wird wiederum vom Hilfsverb est, das als Kopula dient, ausgefüllt.

4. Wortstellung des Attributs

Servus Graecus docet.	Der griechische Sklave unterrichtet.

Normalstellung: Das adjektivische Attribut steht hinter seinem Beziehungswort.

Lȳdia semper pāret, bona serva est.	Lydia gehorcht immer, sie ist eine gute Sklavin.

Sonderstellung: Das adjektivische Attribut steht vor seinem Beziehungswort, oft zur besonderen Betonung.

5. Konnektoren (Wörter zur Satzverknüpfung)

Lȳdia labōrat; etiam Apollodōrus labōrat.	Lydia arbeitet; auch Apollodorus arbeitet.
Servus libenter labōrat; nam Rūfus est dominus bonus.	Der Sklave arbeitet gern; denn Rufus ist ein guter Herr.

a) Form und syntaktische Funktion

Konnektoren sind Verbindungsmöglichkeiten zwischen den Sätzen eines Textes. Als Konnektoren kommen die Wortarten Konjunktion (L V 2 a, S. 27), Subjunktion (L V 2 b, S. 27), Adverb (L III 2, S. 19 f.) und Pronomen (L IV 2, S. 23) vor.

b) Semantische Funktionen von Konnektoren

Ein Konnektor hat z. B.

– verknüpfende	et, etiam	und, auch
– trennende	sed	sondern/aber
– erklärende Funktion.	nam	denn

Lectio II

1. Die Apposition

a) Form

Lȳdia serva labōrat.	Die Sklavin Lydia arbeitet.
Gaius, amīcus bonus, hīc sedet.	Gaius, ein guter Freund, sitzt hier.

Eine Apposition bestimmt entweder als Substantiv (hier: servus) oder als Wortgruppe (hier: amīcus bonus) ein anderes Substantiv oder einen Eigennamen näher. Meist steht die Apposition hinter ihrem Beziehungswort; besteht sie aus einer Wortgruppe, steht sie zwischen zwei Kommas.

b) Syntaktische Funktion

W:	Substantiv (Nom. Sg. M.)	Substantiv (Nom. Sg. M.)	Adjektiv (Nom. Sg. M.)	Vollverb (3. Pers. Sg.)
	Gāius,	amīcus	bonus,	gaudet.
		Apposition (Attribut)		
S:	**Subjekt**			**Prädikat**

Gaius, der gute Freund, freut sich.

Die Apposition hat dieselbe syntaktische Funktion wie ein Attribut (s. L I 3b, S. 13); sie stimmt stets im Kasus mit ihrem Bezugswort überein.

2. Die 3. Person Plural der Verben

Illīc stant Lūcius et Rūfilla.	Dort stehen Lucius und Rufilla.
Rūfus et Caecilia sunt dominus et domina.	Rufus und Caecilia sind Hausherr und Hausherrin.

Besteht das Subjekt aus mehreren Personen oder Dingen, so steht das Verb des Prädikats im Plural. Die 3. Person Plural wird durch den Verbalstamm und die Personalendung -nt gebildet:

Person	ā-Konjugation	ē-Konjugation	Hilfsverb esse
3. Sg.	labōrat er/sie/es arbeitet	docet er/sie/es lehrt	est er/sie/es ist
3. Pl.	labōrant sie arbeiten	docent sie lehren	sunt sie sind

3. Der Plural der Substantive und Adjektive

Amīcī et amīcae hīc sedent. — Die Freunde und Freundinnen sitzen hier.

Convīvia sunt iūcunda. — Feste sind toll.

Nominativ Plural: Nomina der a- und o-Deklination

	ā- (erste) Deklination	o- (zweite) Deklination	
	Femininum	Maskulinum	Neutrum
Nom Sg.	fīlia bona die/eine gute Tochter	servus bonus der/ein guter Sklave	negōtium bonum die/eine gute Beschäftigung
Nom Pl.	fīliae bonae die guten/gute Töchter	servī bonī die guten/gute Sklaven	negōtia bona die guten/gute Beschäftigungen

Substantive auf -er und vir gehören ebenfalls zur o-Deklination.
Auch die Adjektive auf -er werden im Maskulinum und Neutrum nach der o-Deklination dekliniert; im Femininum gehören sie zur a-Deklination.

Die Nomina auf -er kommen in zwei Gruppen vor:
Der Vokal e vor dem r ist in allen Formen vorhanden:

Substantive		Adjektive		
o- (zweite) Deklination		o-Dekl.	ā-Dekl.	o-Dekl.
	Maskulinum	Maskulinum	Femininum	Neutrum
Nominativ Singular	puer	līber	lībera	līberum
Nominativ Plural	puerī	līberī	līberae	lībera

Zu dieser Gruppe gehören auch līberī (Kinder, s. L III) und miser/misera/miserum (unglücklich, elend, s. L VI).
Bei allen anderen Nomina auf -er steht das e vor dem r nur im Nominativ Singular.

Lectio III

1. Der Akkusativ (Wen-Fall)

Rūfus Rūfillam et Lūcium videt.	Rufus sieht Rufilla und Lucius.
Rūfus puellās et puerōs videt.	Rufus sieht Mädchen und Jungen.
Rūfus templum et alia aedificia intrat.	Rufus betritt einen Tempel und andere Gebäude.

a) Formen

		ā- (erste) Deklination	o- (zweite) Deklination	
		Femininum	Maskulinum	Neutrum
Sg.	Nom.	fīlia die/eine Tochter	servus der/ein Sklave	negōtium die/eine Beschäftigung
	Akk.	fīliam die/eine Tochter	servum den/einen Sklaven	negōtium die/eine Beschäftigung
Pl.	Nom.	fīliae (die) Töchter	servī (die) Sklaven	negōtia (die) Beschäftigungen
	Akk.	fīliās (die) Töchter	servōs (die) Sklaven	negōtia (die) Beschäftigungen

Im Neutrum haben der Nominativ und Akkusativ im Singular und im Plural jeweils die gleichen Ausgänge. Dies gilt für das Lateinische und für das Deutsche.

Die Substantive des Englischen haben keine Akkusativformen; im Deutschen gibt es dagegen einige eigene Formen des Artikels und der Nomina, an denen der Akkusativ feststellbar ist (z. B.: einen Sklaven).

Die Adjektive der a- und o-Deklination haben jeweils dieselben Ausgänge wie die Substantive; sie werden daher künftig nicht mehr aufgeführt.

b) Funktion: Objekt

Syntaktische Funktion

In den Beispielsätzen sind Subjekt und Prädikat jeweils durch ein Objekt (Ergänzung) erweitert. Zu dem Substantiv, das im Akkusativ steht, kann in Kon-

gruenz von Kasus, Numerus und Genus (KNG-Kongruenz) ein adjektivisches Attribut treten (Beispiel: alia aedificia).
Das Akkusativobjekt läßt sich im Satz mit »Wen oder was?« erfragen.

W:	Substantiv (Nom. Sg. M.)	Substantiv (Akk. Sg. F.)	Vollverb (3. Pers. Sg.)
	Rūfus	Rūfillam	videt.
S:	**Subjekt**	**Akkusativobjekt**	**Prädikat**

Rufus sieht Rufilla.

transitive Verben

Der Kasus, in dem das Objekt steht, richtet sich nach dem Prädikat. Verben, die ein Akkusativobjekt bei sich haben, heißen transitive Verben.

Semantische Funktion

Das Akkusativobjekt bezeichnet die Person oder Sache, auf die eine Tätigkeit gerichtet ist.

c) Stellung der Satzglieder Subjekt, Prädikat, Objekt

Der Satz: Vir Rūfillam videt (Ein/Der Mann sieht Rufilla) kann im Lateinischen in 6 verschiedenen Anordnungen dieser drei Satzglieder vorkommen, im Deutschen nur in vier.

1. S – O – P

	Vir	Rūfillam	videt.	L.: Normalstellung
(Ich weiß nicht, ob)	der Mann	Rufilla	sieht.	D.: Nur im Nebensatz möglich.

2. S – P – O

Vir	videt	Rūfillam.	L.: Der Mann ist betont.
Der Mann	sieht	Rufilla.	D.: Normalstellung

3. O – P – S

Rūfillam	videt	vir.	L.: Rufilla oder der Mann sind hervorgehoben.
Rufilla, nicht Lydia	sieht	der Mann.	D.: Rufilla ist betont.

4. P – S – O

Videt	vir	Rūfillam.	L.: Das Sehen ist betont.
Sieht	der Mann	Rufilla?	D.: Eine solche Anordnung der Satzglieder ist nur im Fragesatz möglich.

Im Lateinischen gibt es außer den vier aufgeführten Möglichkeiten, Subjekt, Prädikat und Objekt anzuordnen, noch die Möglichkeit, das Objekt Rūfillam vor das Subjekt zu stellen (Rūfilla ist betont) und die Möglichkeit, das Prädikat videt vor das Objekt zu stellen (Das Sehen ist betont). Beides ist im deutschen Hauptsatz nicht möglich.

Im Englischen, das kein Kasussystem mehr kennt, ist in der Regel nur diese Anordnung möglich:

S – P – O

The man	sees	Rufilla.

Im Lateinischen (und in geringerem Maße im Deutschen) ist nicht die Anordnung, sondern die Form der Wörter dafür verantwortlich, welche syntaktische Funktion ein Wort hat.
Die „freie" Wortstellung des Lateinischen ermöglicht es, Sachverhalte oder Personen an besonderen Stellen im Satz zu nennen und dadurch hervorzuheben.

2. Funktionen des Adverbs

Servus libenter docet.	Der Sklave unterrichtet gerne.
Plērumque libenter labōrat.	Meistens arbeitet er gerne.

W:	Substantiv (Nom. Sg. M.)	Adverb (unveränderlich)	Vollverb (3. Pers. Sg.)
	Servus	libenter	docet.
S:	**Subjekt**	**Adverbiale**	**Prädikat**

a) Syntaktische Funktion des Adverbs: Adverbiale

Das Adverb (Umstandswort) gehört zu den Wortarten, die nicht dekliniert oder konjugiert werden. Näheres über die Bildung des Adverbs erfährst du in L VII, S. 38. Du kennst das Adverb allerdings schon aus dem Englischen:

He is quick (Adjektiv).	He drives quickly (Adverb).
Er ist schnell (Adjektiv).	Er fährt schnell (Als Adverb gebrauchtes Adjektiv).

Das Adverb füllt im Satz häufig die Stelle (Position) des Satzglieds Adverbiale (Umstandsbestimmung) aus.

b) Semantische Funktion des Adverbs

Ortsadverbien antworten auf die Frage »Wo?« und haben lokale Funktion,
Zeitadverbien antworten auf die Frage »Wann?« und haben eine temporale,
Adverbien der Häufigkeit und des Grades antworten auf die Fragen »Wie oft?« und »Wie sehr?« und haben eine quantitative Funktion.
Adverbien der Art und Weise antworten auf die Frage »Wie?« und haben eine modale Funktion.
Je nach Art des Adverbs hat das Satzglied Adverbiale eine der angegebenen semantischen Funktionen.
Das Adverbiale ist dabei entweder eine nähere inhaltliche Bestimmung des Prädikats (Beispielsatz 1: libenter) oder des ganzen Satzes (Beispielsatz 2: plērumque) oder eines anderen Adverbiales.

3. Akkusativ nach Präpositionen: der Präpositionalausdruck

Rūfus per forum ambulat.	Rufus geht über das Forum spazieren.
Vir prope templum sedet.	Ein Mann sitzt nahe bei einem Tempel.

a) Form

Auf eine Präposition (ein Verhältniswort) folgt im Lateinischen und Deutschen ein Nomen, das in einem bestimmten Fall steht. Eine solche Wortgruppe heißt Präpositionalausdruck.

In den Beispielsätzen steht nach der lateinischen Präposition der Akkusativ; die deutschen Präpositionen haben allerdings oft andere Fälle nach sich stehen als die lateinischen:

Prope templum: Präposition beim Akkusativ
Nahe bei einem Tempel: Präposition beim Dativ.

b) Syntaktische Funktion

W:	Substantiv (Nom. Sg. M.)	Präposition + Präpositionalausdruck	Substantiv (Akk. Sg. N.)	Vollverb (3. Pers. Sg.)
	Vir	prope	templum	sedet.
S:	**Subjekt**	**Adverbiale**		**Prädikat**
Vergleiche:	Vir	ibī		sedet.
W:	Substantiv (Nom. Sg. M.)	Adverb		Vollverb (3. Pers. Sg.)

Ein Mann sitzt in der Nähe des/eines Tempels.
Der Mann sitzt dort.

Der Präpositionalausdruck kann wie ein Adverb die Satzposition des Adverbiales ausfüllen.

c) Semantische Funktion

Je nach Art seiner Präposition kann ein Präpositionalausdruck dieselben Sinnrichtungen bzw. semantischen Funktionen haben wie ein Adverb (Beispiel: prope templum – ibi: lokale Sinnrichtung). Vergleiche hierzu 2 b, S. 20.

Lectio IV

1. Das Verbum: weitere Formen und Funktionen

a) Der Infinitiv (die Grundform)

Inter amīcōs esse iuvat.	Es macht Spaß, unter Freunden zu sein.
Thermās frequentāre iūcundum est.	Die Thermen zu besuchen ist angenehm.

Form

	ā-Konjugation	ē-Konjugation	Hilfsverb esse
Infinitiv	laborāre (zu) arbeiten	docēre (zu) lehren	esse (zu) sein
Bildungsweise	Verbalstamm + Endung -re		es + Endung -se

infinite Verbform, finite Verbform

Der Infinitiv ist eine infinite Verbform, die 3. Person Singular/Plural eine finite Form. Das Genus des Infinitivs ist das Neutrum (s. 2. Beispielsatz).

Syntaktische Funktion: Subjekt

W:	Substantiv (Akk. Pl. F.)	Verb (Inf. Prs.)	Adjektiv (Nom. Sg. N.)	Hilfsverb (3. Pers. Sg.)
	Thermās	frequentāre	iūcundum	est.
	Akkusativobjekt		**Prädikatsnomen**	**Kopula**
S:		**Subjekt**	**Prädikat**	

Es macht Spaß, die Thermen zu besuchen.
Der Infinitiv kann wie ein Nomen die Satzposition des Subjekts einnehmen.

Der Infinitiv als satzwertige Konstruktion

Im Satzmodell siehst du, daß vom Infinitiv ein Akkusativobjekt abhängt. Der Infinitiv kann also durch andere Satzglieder erweitert werden: er ist daher eine satzwertige Konstruktion, d. h. er kann einen ganzen Satz vertreten.

b) Finite Formen des Verbs: 1. und 2. Person Singular/Plural und ihre Funktionen

Thermās frequentō/frequentāmus. — Ich besuche/Wir besuchen Thermen.
Thermās frequentās/frequentātis. — Du besuchst/Ihr besucht Thermen.

	ā-Konjugation	ē-Konjugation	Hilfsverb esse
1. Pers. Sg.	labōrō ich arbeite	doceō ich unterrichte	sum ich bin
2. Pers. Sg.	labōrās du arbeitest	docēs du unterrichtest	es du bist
3. Pers. Sg.	labōrat er/sie/es arbeitet	docet er/sie/es unterrichtet	est er/sie/es ist
1. Pers. Pl.	labōrāmus wir arbeiten	docēmus wir unterrichten	sumus wir sind
2. Pers. Pl.	labōrātis ihr arbeitet	docētis ihr unterrichtet	estis ihr seid
3. Pers. Pl.	labōrant sie arbeiten	docent sie unterrichten	sunt sie sind

Die Personalendungen zeigen an, wer Ausgangspunkt der Handlung ist.

2. Das Personalpronomen (persönliches Fürwort): 1. und 2. Person

a) Formen des Nominativs und Akkusativs

	Singular		Plural	
	1. Person	2. Person	1. Person	2. Person
Nominativ	egō ich	tū du	nōs wir	vōs ihr
Akkusativ	mē mich	tē dich	nōs uns	vōs euch

b) Semantische Funktion der Formen des Nominativs

Tū Rōmānus es, egō Germāna sum. — Du bist Römer, ich bin Germanin.

Das Personalpronomen tritt in der Form des Nominativs nur dann auf, wenn die handelnde Person hervorgehoben ist. Normalerweise steht aber im Lateinischen kein Personalpronomen, wenn das Subjekt bezeichnet werden soll: Die Personalendung genügt (vgl. L I 2 a, S. 10).

Lectio V

1. Der Dativ (Wem-Fall)

Singular:

Rūfus puellae / servō / aedificiō appropinquat. — Rufus nähert sich dem Mädchen. / dem Sklaven. / dem Gebäude.

Plural:

Rūfus puellīs / servīs / aedificiīs appropinquat. — Rufus nähert sich den Mädchen. / den Sklaven. / den Gebäuden.

a) Form

Substantive und Adjektive der a- und o-Deklination

		ā- (erste) Deklination	o- (zweite) Deklination	
		Femininum	Maskulinum	Neutrum
Sg.	Nom.	fīlia die/eine Tochter	servus der/ein Sklave	negōtium die/eine Beschäftigung
	Dat.	fīliae der/einer Tochter	servō dem/einem Sklaven	negōtiō der/einer Beschäftigung
	Akk.	fīliam die/eine Tochter	servum den/einen Sklaven	negōtium die/eine Beschäftigung
Pl.	Nom.	fīliae (die) Töchter	servī (die) Sklaven	negōtia (die) Beschäftigungen
	Dat.	fīliīs (den) Töchtern	servīs (den) Sklaven	negōtiīs (den) Beschäftigungen
	Akk.	fīliās (die) Töchter	servōs (die) Sklaven	negōtia (die) Beschäftigungen

Beachte: Der Dativ Plural hat in allen drei Genera denselben Ausgang.

Personalpronomina

	Singular		Plural	
Kasus	1. Person	2. Person	1. Person	2. Person
Nominativ	egō ich	tū du	nōs wir	vōs ihr
Dativ	mihi mir	tibi dir	nōbīs uns	vōbīs euch
Akkusativ	mē mich	tē dich	nōs uns	vōs euch

b) Funktion des Dativs: Objekt

Syntaktische Funktion

In den Beispielsätzen sind Subjekt und Prädikat jeweils durch ein Dativobjekt ergänzt.
Das Dativobjekt läßt sich im Satz in der Regel mit »Wem?« erfragen.

W:	Substantiv (Nom. Sg. M.)	Substantiv (Dat. Sg. N.)	Vollverb (3. Pers. Sg.)
	Rūfus	aedificiō	appropinquat.
S:	**Subjekt**	**Dativobjekt**	**Prädikat**

Rufus nähert sich dem Gebäude.

Verben, die nur ein Dativobjekt bei sich haben können, heißen intransitive Verben. *intransitive Verben*

Semantische Funktion

Das Dativobjekt bezeichnet die Person oder Sache, der eine Handlung oder Tätigkeit gewidmet oder zugedacht ist.

c) Funktion des Dativs: Adverbiale

Parāte Rūfō cēnam!	Bereitet für Rufus das Essen zu!

Syntaktische Funktion

W:	Verb (Imperativ)	Substantiv (Dat. Sg. M.)	Substantiv (Akk. Sg. F.)
	Parāte	Rūfō	cēnam!
S:	**Subjekt + Prädikat**	**Adverbiale**	**Objekt**

Bei der Satzfrage wofür? steht der Dativ an der Satzposition des Adverbiales.

Semantische Funktion

Dativ des Vorteils
Dativ des Nachteils

Der adverbiale Dativ kann die Person oder Sache bezeichnen, für die etwas vorteilhaft oder nachteilig ist. In dieser semantischen Funktion liegt der »Dativ des Vorteils/Nachteils« (dativus commodi/incommodi) vor.

d) Funktion des Dativs: Prädikatsnomen

Rūfō sunt hortī.	Rufus gehören Gärten/ Rufus hat Gärten.

Syntaktische Funktion

W:	Substantiv (Dat. Sg.)	Hilfsverb esse (3. Pers. Pl.)	Substantiv (Nom. Pl.)
	Rūfō	sunt	hortī.
	Prädikatsnomen	Kopula	
S:	**Prädikat**		**Subjekt**

(Dem) Rufus gehören Gärten. Rufus hat Gärten.

Semantische Funktion

Steht der Dativ bei einer Form von esse, so bezeichnet er die Person, der etwas gehört oder die etwas hat bzw. besitzt. Der Dativ heißt dann »Dativ des Besitzers« (dativus possessivus). *Dativ des Besitzers*

2. Haupt- und Nebensätze

a) Hauptsätze: Satzreihe

Servī cibum parant, Rūfus ambulat.	Die Sklaven bereiten das Essen zu, Rufus geht spazieren.
Vīnum bonum est; itaque amīcus Rūfum laudat.	Der Wein ist gut; deshalb lobt der Freund Rufus.

Hauptsätze können durch beiordnende Bindewörter (Konjunktionen; hier: itaque) verknüpft werden oder auch ohne Satzverknüpfung nebeneinander stehen.
Aufeinanderfolgende Hauptsätze bilden eine Satzreihe. *Satzreihe*

b) Hauptsatz und Nebensatz: Satzgefüge

Dum servī cibum parant, Rūfus ambulat.	Während die Sklaven das Essen zubereiten, geht Rufus spazieren.
Amīcus Rūfum laudat, quod vīnum bonum est.	Der Freund lobt Rufus, weil der Wein gut ist.

Haupt- und Nebensätze bilden miteinander ein Satzgefüge. *Satzgefüge*
Zwischen einer Satzreihe oder zwischen einem Satzgefüge steht ein Komma.

Die Art der Einleitung von Nebensätzen

Sätze, die mit unterordnenden Bindewörtern (Subjunktionen) eingeleitet werden, sind Subjunktionalsätze. Diese gehören zu den Nebensätzen. *Subjunktionalsätze*
Nebensätze erkennt man im Deutschen nicht nur an der Art ihrer Einleitung, sondern auch daran, daß in ihnen das Verb am Satzende steht.

Syntaktische Funktion der Nebensätze

Vergleiche:

Satz: Hauptsatz				Adverbialsatz			
W:	Substantiv (Nom. Sg.)	Substantiv (Akk. Sg.)	Verb (3. Pers. Sg.)				
	Quīntus	Rūfum	laudat,	quod	vīnum	bonum	est.
S:				Konnektor	Subjekt	PN Prädikat	Kopula
	Subjekt	**Akk.-Objekt**	**Prädikat**			**Adverbiale**	

Quintus lobt Rufus, weil der Wein gut ist.

Nebensätze können wie Nomina die Satzpositionen Subjekt, Objekt, Adverbiale und Attribut einnehmen. Im Satzmodell steht ein Nebensatz anstelle eines Präpositionalausdrucks (z. B. propter vīnum bonum) an der Satzposition eines Adverbiales. Ein solcher Nebensatz heißt Adverbialsatz.

Adverbialsatz

Nebensätze, die ein Satzglied (Subjekt, Objekt, Adverbiale – nicht den Satzgliedteil Attribut) vertreten, heißen Gliedsätze.

Gliedsatz

Semantische Funktion der Adverbialsätze

Adverbiale Nebensätze (= Adverbialsätze) können dieselbe semantische Funktion haben wie Adverbien und Präpositionalausdrücke (vgl. L III 3 c, S. 21).

Temporalsatz
Kausalsatz

– mit dum (während) eingeleitete Adverbialsätze sind Temporalsätze,
– mit quod (weil) eingeleitete Adverbialsätze sind Kausalsätze.

Temporalsätze geben ein Zeitverhältnis an, Kausalsätze nennen den Grund für eine Handlung.

Zusammenfassung

Nebensätze lassen sich unterscheiden nach ihrer

Form:	z. B. Subjunktionalsatz
syntaktischen Funktion:	z. B. Adverbialsatz
semantischen Funktion:	z. B. Temporalsatz oder Kausalsatz

3. Der Imperativ (die Befehlsform)

Salvē! — Hallo! Sei gegrüßt! Grüß dich!
Salvēte! — Hallo! Seid gegrüßt!

a) Formen

	ā-Konjugation	ē-Konjugation	Hilfsverb esse
2. Pers. Sg.	labōrā! arbeite!	docē! unterrichte!	es bonus! sei gut!
2. Pers. Pl.	labōrāte! arbeitet!	docēte! unterrichtet!	este bonī! seid gut!

Der Imperativ gehört zu den finiten Verbformen.
Der Singular des Imperativs besteht aus dem bloßen Verbalstamm.

In lateinischen und oft auch in deutschen Texten steht beim Imperativ das Ausrufezeichen.

b) Funktion

Durch den Imperativ werden Aufforderungen und Befehle ausgedrückt.

4. Der Modus (die Aussageweise)

Der Imperativ ist die Art und Weise (der Modus), um Befehle auszudrücken; die bisher gelernten finiten Verbformen dienen dazu, Aussagen und Fragen darzustellen. Sie gehören zum Indikativ (zur Wirklichkeitsform). *Indikativ*

Eine finite Verbform läßt sich also nach Person, Numerus und Modus bestimmen:
labōrō: 1. Person Singular Indikativ.
labōrā!: 2. Person Singular Imperativ.

Lectio VI

1. Der Genitiv (Wessen-Fall)

Rūfī raeda ante vīllam est. — Rufus' Wagen/Der Wagen des Rufus steht vor dem Landhaus. Rufus's cart is in front of the house.

Servī māgnam frūmentī cōpiam portant. — Die Sklaven tragen eine große Menge Getreide. The slaves are carrying a lot of corn.

Vīlla plēna convīvārum est. — Das Landgut ist voll von Gästen (voller Gäste). The country-house is full of guests.

a) Form

Substantive und Adjektive der a- und o-Deklination

		ā- (erste) Deklination	o- (zweite) Deklination	
		Femininum	Maskulinum	Neutrum
Sg.	Nom.	fīlia die/eine Tochter	servus der/ein Sklave	aedificium das/ein Gebäude
	Genitiv	fīliae der/einer Tochter	servī des/eines Sklaven	aedificiī des/eines Gebäudes
	Dat.	fīliae der/einer Tochter	servō dem/einem Sklaven	aedificiō dem/einem Gebäude
	Akk.	fīliam die/eine Tochter	servum den/einen Sklaven	aedificium das/ein Gebäude
Pl.	Nom.	fīliae (die) Töchter	servī (die) Sklaven	aedificia (die) Gebäude
	Genitiv	fīliārum der Töchter/ von Töchtern	servōrum der Sklaven/ von Sklaven	aedificiōrum der Gebäude/ von Gebäuden
	Dat.	fīliīs (den) Töchtern	servīs (den) Sklaven	aedificiīs (den) Gebäuden
	Akk.	fīliās (die) Töchter	servōs (die) Sklaven	aedificia (die) Gebäude

Die Ausgänge des Genitiv Pural: -ārum, -ōrum sind eindeutig;
die Ausgänge des Genitiv Singular: -ae, -ī sind dagegen mit anderen Formen verwechselbar.

b) Funktionen

Syntaktisch: der Genitiv als Attribut

W:	Substantiv (Gen. Sg. M.)	Substantiv (Nom. Sg. F.)	Adjektiv, Negation		Hilfsverb (3. Pers. Sg.)
	Rūfī	raeda	nova	nōn	est.
	Attribut		Prädikatsnomen		Kopula
S:		**Subjekt**	**Prädikat**		
Vergleiche:	Māgna	raeda	nova	nōn	est.
W:	Adjektiv				

Der Wagen des Rufus ist nicht neu.
Der große Wagen ist nicht neu.

Der Genitiv eines Substantivs (hier: Rūfī) kann wie ein Adjektiv (hier: māgna) die Satzposition des Attributs ausfüllen.

Semantische Funktionen

Rūfī raeda — Der Wagen des Rufus/Rufus' Wagen

Hier bezeichnet das Genitivattribut den Besitzer bzw. die Zugehörigkeit einer Person oder Sache zu einer anderen, die im Bezugswort angegeben ist (genitivus possessivus = Genitiv des Besitzers).

Genitiv des Besitzers

Cōpia frūmentī — Eine Menge Getreide

Hier bezeichnet das Genitivattribut das Ganze oder den Bereich, von dem ein Teil im Beziehungswort angegeben ist (genitivus partitivus = Teilungsgenitiv).

Teilungsgenitiv

Der Teilungsgenitiv steht z. B. nach Substantiven, die eine Menge bezeichnen (cōpia), oder nach bestimmten Adjektiven, die eine Ergänzung benötigen (plēnus, -a, -um: voll von).

Im Deutschen verwenden wir beim Teilungsgenitiv zumeist nicht den Genitiv, sondern den Nominativ (eine Menge Getreide) oder die Präpositionen von, unter, usw.; im Englischen steht hier die Präposition of.

Vergleiche:

Cōpia frūmentī	– a lot of corn	– eine Menge Getreide
Vīlla est plēna convīvārum	– … full of guests	– … voll von Gästen

Je nach Art seiner semantischen Funktion fragt man nach dem Genitivattribut im Satz mit »Was für ein?«, »Wessen?« und »Wovon?«.

2. Das Possessivpronomen (das besitzanzeigende Fürwort)

a) Formen

meus, -a, -um tuus, -a, -um	mein dein	werden wie das Adjektiv bonus, -a, -um dekliniert (L I 3a, S. 12);
noster, nostra, nostrum vester, vestra, vestrum	unser euer	werden wie das Adjektiv pulcher, pulchra, pulchrum dekliniert (L II 3b, S. 16).

b) Syntaktische Funktionen

Attribut

W:	Substantiv (Nom. Sg. F.)	Possessivpronomen (Nom. Sg. F.)	Adjektiv (Nom. Sg. F.)	Hilfsverb (3. Pers. Sg.)
	Raeda	mea	māgna	est.
		Attribut	Prädikatsnomen	Kopula
S:	**Subjekt**		**Prädikat**	

Mein Wagen ist groß.

Prädikatsnomen

W:	Substantiv (Nom. Sg. N.)	Possessivpronomen (Nom. Sg. N.)	Hilfsverb (3. Pers. Sg.)
	Vīnum	meum	est.
		Prädikatsnomen	Kopula
S:	**Subjekt**	**Prädikat**	

Der Wein gehört mir (wörtlich: Der Wein ist mein).

Das Possessivpronomen kann wie ein Adjektiv als Attribut oder Prädikatsnomen verwendet werden. Dabei steht es jeweils zu seinem Bezugswort in KNG-Kongruenz.

c) *Wortstellung*

Mea vīta misera est, tua vīta est iūcunda. — Mein Leben ist armselig, dein Leben ist angenehm.

Normalerweise wird das Possessivpronomen seinem Beziehungswort nachgestellt; bei besonderen Hervorhebungen steht es aber meist davor.

3. Der Vokativ (Anredefall)

Apollodōre, nōs adiuvā! — Apollodorus, hilf uns!

a) *Formen*

	ā- (erste) Deklination		o- (zweite) Deklination	
	Femininum		Maskulinum	
Vok. Sg.	fīlia!	Tochter!	amīce!	Freund!
Vok. Pl.	fīliae!	Töchter!	amīcī!	Freunde!

Die Ausgänge des Vokativs lauten in der Regel wie die Ausgänge des Nominativs. Nur bei den Substantiven und Adjektiven der o-Deklination auf -us gibt es im Singular eine besondere Vokativform.

b) Funktion

Der Vokativ dient zur Anrede an eine Person; daher kommt er im Neutrum meist nicht vor. Im Schriftbild ist der Vokativ von seinem Beziehungssatz durch ein Komma abgetrennt.

4. Funktion des Akkusativs: Adverbiale der Richtung

Amīcī Rōmam festīnant.	Die Freunde fahren schnell nach Rom.

W:	Substantiv (Nom. Pl. M.)	Substantiv (Akk. Sg. F.)	Verb (3. Pers. Pl.)
	Amīcī	Rōmam	festīnant.
S:	**Subjekt**	**Adverbiale**	**Prädikat**
Vergleiche:	Amīcī	in Itāliam	festīnant.

Syntaktische und semantische Funktion

Der Akkusativ kann wie ein Präpositionalausdruck (z. B.: in Itāliam) die Satzposition des Adverbiales ausfüllen. Er steht dabei auf die Frage »Wohin?« und gibt eine Richtung an.
Ohne Präposition steht hier der Akkusativ nur bei Namen von Städten und kleinen Inseln.

5. Das Verb īre (gehen)

Indikativ				Imperativ			
Singular		Plural		Singular		Plural	
eō	ich gehe	īmus	wir gehen	ī!	geh!	īte!	geht!
īs	du gehst	ītis	ihr geht				
it	er/sie/es geht	eunt	sie gehen	Infinitiv			
				īre	gehen		

6. Zusammengesetzte Verben

adesse: da sein, anwesend sein; helfen

Verben werden oft mit Vorsilben (Präfixen) zusammengesetzt, die zum Teil aus Präpositionen entstanden sind; ihre Konjugation bleibt dabei unverändert (also: adsum, ades, adest, usw.).
Das Grundwort (hier: esse) übernimmt dabei wörtlich oder im übertragenen Sinn zusätzlich die Bedeutung seines Bestimmungswortes (hier: ad):
ad + esse: zu, an, bei + sein = da sein → für jemanden da sein = helfen.

7. Rhetorische Sprach- und Stilmittel: das Hyperbaton

Māgnōs Rōmae mūrōs videō.	Ich sehe die großen Mauern Roms.

a) Form

Das Attribut māgnōs ist hier von seinem Beziehungswort mūrōs getrennt; eine solche Abtrennung vom Beziehungswort nennt man Hyperbaton (wörtlich: das »Umgestellte, Versetzte«).

b) Funktion

Das Hyperbaton dient zur Hervorhebung eines der umgestellten Wörter. Römische Redner und Schriftsteller haben eine besondere Kunstfertigkeit entwickelt, mit solchen sprachlichen Mitteln die Aufmerksamkeit ihrer Zuhörer bzw. Leser zu gewinnen und auf sie einzuwirken. Diese Kunstfertigkeit nennt man Rhetorik (Redekunst). *Rhetorik*

Lectio VII

1. Das Imperfekt: Formen und Funktionen des Indikativs

Iterum atque iterum tē vocābam.	Immer wieder rief ich dich.
Prope forum vōs exspectābāmus.	Nahe beim Forum warteten wir auf euch.
Rōmānī bēstiās in amphitheātrum apportābant.	Bei den Römern war es üblich, wilde Tiere ins Amphitheater zu bringen.

a) Formen

	ā-Konjugation	ē-Konjugation	Hilfsverb esse
1. Pers. Sg.	labōrābam ich arbeitete	docēbam ich unterrichtete	eram ich war
2. Pers. Sg.	labōrābās du arbeitetest	docēbās du unterrichtetest	erās du warst
3. Pers. Sg.	labōrābat er/sie/es arbeitete	docēbat er/sie/es unterrichtete	erat er/sie/es war
1. Pers. Pl.	labōrābāmus wir arbeiteten	docēbāmus wir unterrichteten	erāmus wir waren
2. Pers. Pl.	labōrābātis Ihr arbeitetet	docēbātis ihr unterrichtetet	erātis ihr wart
3. Pers. Pl.	labōrābant sie arbeiteten	docēbant sie unterrichteten	erant sie waren

Bildungsweise:

			Tempuszeichen		
Vollverb:	Verbalstamm	+	ba	+	Personalendung (1. Pers. Sg.: m)
Hilfsverb esse:	er	+	a	+	Personalendung (1. Pers. Sg.: m)

Personal-endung
Tempuszeichen

Bei den Verbformen des Präsens (der Gegenwart, s. L I 2 a, S. 9 f., L II 2, S. 15 f. und L IV 1 b, S. 23) folgt die Personalendung unmittelbar auf den Verbalstamm, beim Imperfekt dagegen auf das Tempuszeichen ba (bzw. a).

b) Semantische Funktionen

Das Imperfekt ist eine Möglichkeit, die Vergangenheit (siehe L VII 2, S. 37) auszudrücken; es wird im Deutschen mit dem Präteritum wiedergegeben.

Das Imperfekt bezeichnet wiederholte oder
lang andauernde oder
übliche Handlungen der Vergangenheit.

2. Zeitstufe und Tempus (Zeit)

Mārcus tacet/tacēbat. — Marc schweigt/schwieg (lange).

a) Zeitstufe

Das Prädikat kann Ereignisse oder Handlungen der Zeitstufen

- Zukunft
- Gegenwart
- Vergangenheit

ausdrücken.

b) Tempus

Die Gegenwart wird durch das Präsens, die Vergangenheit wird u. a. durch das Imperfekt bezeichnet. Die finiten Verbformen, die du bisher gelernt hast, gehören zum Tempus des Präsens. Du kennst nun auch das Imperfekt; man unterscheidet bei der Formenbestimmung eines Verbs daher nicht nur Person, Numerus und Modus, sondern auch die jeweiligen Tempora:
tacēbat: 3. Person Singular Indikativ Imperfekt (vgl. L V 4, S. 29)

3. Funktion des Akkusativs: Adverbiale der zeitlichen Ausdehnung

Virī multās hōrās certābant. — Die Männer kämpften viele Stunden (lang).

W:	Substantiv (Nom. Pl. M.)	Adjektiv (Akk. Pl. F.)	Substantiv (Akk. Pl. F.)	Verb (3. Pers. Pl.)
	Virī	multās	hōrās	certābant.
		Attribut		
S:	**Subjekt**	**Adverbiale**		**Prädikat**
Vergleiche:	Virī	diū		certābant.

Der Akkusativ eines Nomens kann wie ein Adverb (hier: diū = lange) oder ein Präpositionalausdruck die Satzposition des Adverbiales ausfüllen.
Er steht hier auf die Frage: »Wie lange?« und gibt eine Zeitdauer an.

4. Adverbien

a) Formen und Funktionen von Adverb und Adjektiv

W:	Substantiv (Nom. Sg. F.)	Verb (3. Pers. Sg.)	Adverb	Substantiv (Nom. Sg. F.)	Hilfsverb (3. Pers. Sg.)	Adjektiv (Nom. Sg. F.)
	Turba	spectat	attentē.	Turba	est	attenta.
	The crowd	watches	attentively.	The crowd	is	attentive.
	Die Menge	schaut	aufmerksam zu.	Die Menge	ist	aufmerksam.
					Kopula	**Prädikatsnomen**
S:	**Subjekt**	**Prädikat**	**Adverbiale**	**Subjekt**	**Prädikat**	

b) Herleitung lateinischer Adverbien von Adjektiven

attent	ē	abgeleitet	attent	us, -a, -um.
Wortstock	Adverbendung	von	Wortstock	Adjektivausgänge

Adverbien, die von Adjektiven der a- und o-Deklination abgeleitet sind, haben zumeist die Endung -ē.

5. Fragesätze

a) Wortfrage im Lateinischen und Deutschen

Quid erat Colossēum? — Was war das Colosseum?

b) Wortfrage im Lateinischen – Satzfrage im Deutschen

Maestusne erās, Quīnte? — Warst du traurig, Quintus?

Im Lateinischen steht bei Fragesätzen grundsätzlich ein Fragewort; auch die sogenannten Satzfrage wird durch ein Fragewort eingeleitet, nämlich die Fragepartikel -ne; sie ist meist an das Ende des ersten Wortes im Satz angehängt.

Lectio VIII

1. Der Ablativ

Servī māgnā dīligentiā labōrant. Die Sklaven arbeiten mit großer Sorgfalt.

a) Formen

Substantive, Adjektive und Possessivpronomina

		ā- (erste) Deklination	o- (zweite) Deklination	
		Femininum	Maskulinum	Neutrum
Sg.	Nom.	cūra die/eine Sorge	mūrus die/eine Mauer	dōnum das/ein Geschenk
	Gen.	cūrae der/einer Sorge	mūrī der/einer Mauer	dōnī des/eines Geschenks
	Dat.	cūrae der/einer Sorge	mūrō der/einer Mauer	dōnō dem/einem Geschenk
	Akk.	cūram die/eine Sorge	mūrum die/eine Mauer	dōnum das/ein Geschenk
	Ablativ	cūrā mit, von, … der/einer Sorge	mūrō mit, von, … der/einer Mauer	dōnō mit, von, … dem/einem Geschenk

		Femininum	Maskulinum	Neutrum
Pl.	Nom.	cūrae (die) Sorgen	mūrī (die) Mauern	dōna (die) Geschenke
	Gen.	cūrārum der/von Sorgen	mūrōrum der/von Mauern	dōnōrum der Geschenke/ von Geschenken
	Dat.	cūrīs (den) Sorgen	mūrīs (den) Mauern	dōnīs (den) Geschenken
	Akk.	cūrās (die) Sorgen	mūrōs (die) Mauern	dōna (die) Geschenke
	Abl.	cūrīs mit, …, … (den) Sorgen	mūrīs mit, …, … (den) Mauern	dōnīs mit, …, … (den) Geschenken

Personalpronomina

	Singular		Plural	
Kasus	1. Person	2. Person	1. Person	2. Person
Nominativ	egō ich	tū du	nōs wir	vōs ihr
Dativ	mihi mir	tibi dir	nōbīs uns	vōbīs euch
Akkusativ	mē mich	tē dich	nōs uns	vōs euch
Ablativ	ā mē von mir	ā tē von dir	ā nōbīs von uns	ā vōbīs von euch

In jeder Deklination stimmen Dativ und Ablativ Plural in ihrer Form überein!

b) Funktionen

Syntaktisch: Adverbiale

W:	Substantiv (Nom. Sg. M.)	Substantiv (Akk. Pl. M.)	Substantiv (Abl. Pl. N.)	Verb (3. Pers. Sg.)
	Rūfus	amīcōs	dōnīs	dēlectat.
S:	**Subjekt**	**Objekt**	**Adverbiale**	**Prädikat**

Rufus macht den Freunden mit Geschenken eine Freude.

Der Ablativ eines lateinischen Nomens kann die Satzposition eines Adverbiales ausfüllen; im Deutschen steht hier ein Präpositionalausdruck.

Semantisch (Sinnrichtungen)

(1) Amīcōs dōnīs dēlectat.	Er macht den Freunden mit Geschenken eine Freude.	Mittel (instrumental) Womit/Wodurch?
(2) Māgnā dīligentiā labōrant.	Sie arbeiten mit großer Sorgfalt.	Art und Weise (modal) Wie?
(3) Pecūnia nōs nōnnūllīs cūrīs līberat.	Geld befreit uns von einigen Sorgen.	Trennung (separativ) Wovon?
(4) Quīntā hōrā vīllae appropinquant.	Zur/in der fünften Stunde nähern sie sich dem Landgut.	Zeitpunkt (temporal) Wann?

2. Weitere Funktion des Infinitivs: Objekt

Amīcī amīcōs dōnīs dēlectare solent. — Unter Freunden ist es üblich, einander mit Geschenken eine Freude zu machen.

W:	Substantiv (Nom. Pl. M.)	Substantiv (Akk. Pl. M.)	Substantiv (Abl. Pl. N.)	Verbum (Infinitiv)	Verbum (3. Pers. Pl.)
	Amīcī	amīcōs	dōnīs	dēlectāre	solent.
		Akk.-Objekt	**Adverbiale**		
S:	**Subjekt**			**Infinitiv-Objekt**	**Prädikat**

Der Infinitiv kann im Satz nicht nur die Position des Subjekts (siehe L IV 1 a, S. 22), sondern auch die Position des Objekts einnehmen.
Als satzwertige Konstruktion ist er im obigen Beispielsatz durch ein Akkusativobjekt und ein Adverbiale des Mittels erweitert.

3. Rhetorische Sprach- und Stilmittel: der Chiasmus

Rūfus Quīntum statuā, speculō Claudiam dēlectat. — Rufus macht Quintus mit einer Statue, Claudia mit einem Spiegel eine Freude.

Die Objekte und Adverbialien sind hier kreuzförmig angeordnet:

Rūfus	Quīntum	statuā	
	speculō	Claudiam	dēlectat.

Der griechische Buchstabe für ch gleicht einem Andreaskreuz (X). Daher ist diese Stilfigur nach ihm (X = chi) benannt: Chiasmus.

Durch den Chiasmus können Begriffe besonders hervorgehoben werden.

Lectio IX

1. Akkusativ und Ablativ im Präpositionalausdruck

a) Präpositionen beim Ablativ

ā Britanniā abīre	von Britannien abreisen
ex Itāliā īre	aus Italien gehen/von Italien aus reisen
dē Rōmānīs narrāre	von den Römern/über die Römer erzählen
dē mūrō spectāre	von der Mauer herabschauen
dē prōvinciīs cōgitāre	über die Provinzen nachdenken
cum captīvīs redīre	mit (den) Gefangenen zurückkehren
māgnā cum dīligentiā labōrāre	mit großer Sorgfalt arbeiten
sine studiō labōrāre	ohne Eifer arbeiten
prō (L 21)	für, anstatt
prae (L 32)	vor

Merkspruch für Präpositionen beim Ablativ: ā, ab, ē, ex und dē
cum und sine, prō und prae.

b) Präpositionen beim Ablativ und Akkusativ: in und sub

Ablativ

Quīntus stat in forō.	Quintus steht auf dem Forum.	Wo?

Akkusativ

Quīntus in forum it.	Quintus geht auf das Forum.	Wohin?

Die Präpositionen in (in, an, auf) und sub (unter) stehen je nach der semantischen Funktion des Präpositionalausdrucks als Adverbiale (s. 2 a, S. 43) des Ortes oder der Richtung beim Ablativ bzw. Akkusativ.

c) Präpositionen beim Akkusativ

Alle anderen lateinischen Präpositionen stehen in der Regel beim Akkusativ.

2. Syntaktische Funktionen des Präpositionalausdrucks

Hodiē multās ruīnās in forō vidētis.	Heute seht ihr viele Ruinen auf dem Forum.
Rūfus multās hōrās dē forō narrat.	Rufus erzählt viele Stunden lang vom Forum.

a) Der Präpositionalausdruck als Adverbiale

W:	Adverb	Adjektiv (Akk. Pl. F.)	Substantiv (Akk. Pl. F.)	(Präposition + Abl.) Präpositional-ausdruck	Verb (2. Pers. Pl.)
	Hodiē	multās	ruīnās	in forō	vidētis.
		Attribut			
S: Sinn-richtung:	**Adverbiale** (der Zeit)		**Objekt**	**Adverbiale** (des Ortes)	**Prädikat + Subjekt**

Statt in forō könnte auch stehen: ibī. Der Präpositionalausdruck füllt hier also – anstatt eines Adverbs – die Position des Adverbiales aus (s. L III 3 b, S. 21).

b) Der Präpositionalausdruck als Objekt (Präpositionalobjekt)

W:	Substantiv (Nom. Sg. M.)	Adjektiv (Akk. Pl. F.)	Substantiv (Akk. Pl. F.)	(Präposition + Abl.) Präpositional-ausdruck	Verb (3. Pers. Sg.)
	Rūfus	multās	hōrās	dē forō	narrat.
		Attribut			
S:	**Subjekt**		**Adverbiale** (der Zeit)	**(Präp.-) Objekt**	**Prädikat**

Statt dē forō könnte auch fābulam (= eine Geschichte), also ein Akkusativ-objekt, stehen; daher füllt hier der Präpositionalausdruck die Satzposition des Objekts aus.

Übersicht über Lektion 1–9

Syntax

Satzpositionen

- Subjekt: (L. I 1, 2 b, S. 9 f.; IV 1a, S. 22)
- Prädikat: (L. I 1, S. 9) – Kongruenz Subj.-Präd. (L. I 2b, S. 12) – Prädikatsnomen (L. I 3 b, S. 13 f.; V I d, S. 26 f.; VI 2 b, S. 33) – Ind. PräS. (L. I 2 a, S. 9 f.; II 2, S. 15 f.; V 4, S. 29) – Ind. Impf. (L. VII 1 b, S. 36 f.) – Imperativ (L. V 3, S. 29)
- Objekt: Akk.-Objekt (L. III 1, S. 17–19) – Inf. als Objekt (L. VIII 2, S. 41) – Dat.-Objekt (L. V 1, S. 25)
- Adverbiale: Adverb (L. III 2, S. 19 f.) – adverbialer Akk. (L. VI 4, S. 34; VII 3, S. 37 f.) – adverbialer Abl. (L. VIII 1 b, S. 40) – Präpositionalausdruck (L. III 3, S. 20 f.; IX 2 a, S. 43) – adverbiale Nebensätze/Satzgefüge: temporal – kausal (L. V 2 b, S. 28)
- Attribut: Adjektiv. Attribut (L. I 3 b, S. 13) – Apposition (L. II 1, S. 15) – Possessivpron. (L. VI 2 b, S. 32) – Gen.-Attribut (L. VI 1 b, S. 31)
- Konnektoren: (L. I 5, S. 14)

Formenlehre

Konjugationen

- a- und e-Konjug. und esse: Ind. Präs.: 1. u. 2. Pers. Sg. (L. IV 1 b, S. 23) – 3. Pers. Sg. (L. I 2 a, S. 9 f.) – 1. u. 2. Pers. Pl. (L. IV 1 b, S. 23) – 3. Pers.Pl. (L. II 2, S. 15 f.) – Ind. Imperf.: (L. VII 1 a, S. 36) – Imperativ: (L. V 3, S. 29) – Infinitiv: (L. IV 1 a, S. 22)
- īre: Ind. Präs.: (L. VI 5, S. 34) – Imperativ: (L. VI 5, S. 34) – Infinitiv: (L. VI 5, S. 34) – Ind. Imperf.: (L. VII 1 a, S. 36)

Deklinationen

- Subst. u. Adj. der a- und o-Deklination: Nom. Sg.: (L I 2 b, S. 10 f.; 3 a, S. 12) – Nom.Pl.: (L. II 3, S. 16) – Gen. Sg. u. Pl.: (L. VI 1 a, S. 30) – Dat. Sg. u. Pl.: (L. V 1 a, S. 24) – Akk. Sg. u. Pl.: (L. III 1 a, S. 17) – Vok.: (L. VI 3 a, S. 33) – Abl. Sg. u. Pl.: (L. VIII 1a, S. 39)
- Personalpronomina: Nom. Sg. u. Pl.: (L. IV 2, S. 23) – Dat. Sg. u. Pl.: (L. V 1 a, S. 25) – Akk. Sg. u. Pl.: (L. IV 2, S. 23) – Abl. Sg. u. Pl.: (L. VIII 1 a, S. 40)
- Possessivpronomina: Nom., Gen., Dat., Akk. Sg. u. Pl.: (L. VI 2, S. 32) – Abl. Sg. u. Pl.: (L. VIII 1 a, S. 39)
- Adverbien: (L. VII 4, S. 38)

Lectio XI

1. Das Perfekt: Formen und Funktionen des Indikativs

Graecī virōs in equō occultāvērunt. — Die Griechen versteckten Männer in einem Pferd.

»Bene narrāvistī!« — »Gut hast du erzählt!«

a) Formen

	ā-Konjugation	ē-Konjugation	Hilfsverb esse	īre
1. Pers. Sg.	narrāvī ich erzählte/ habe erzählt	pāruī ich gehorchte/ habe gehorcht	fuī ich war/ bin gewesen	iī ich ging/ bin gegangen
2. Pers. Sg.	narrāvistī du erzähltest/ hast erzählt	pāruistī du gehorchtest/ hast gehorcht	fuistī du warst/ bist gewesen	īstī du gingst/ bist gegangen
3. Pers. Sg.	narrāvit er/sie/es erzählte/ hat erzählt	pāruit er/sie/es gehorchte/ hat gehorcht	fuit er/sie/es war/ ist gewesen	iit er/sie/es ging/ ist gegangen
1. Pers. Pl.	narrāvimus wir erzählten/ haben erzählt	pāruimus wir gehorchten/ haben gehorcht	fuimus wir waren/ sind gewesen	iimus wir gingen/ sind gegangen
2. Pers. Pl.	narrāvistis ihr erzähltet/ habt erzählt	pāruistis ihr gehorchtet/ habt gehorcht	fuistis ihr wart/ seid gewesen	īstis ihr gingt/ seid gegangen
3. Pers. Pl.	narrāvērunt sie erzählten/ haben erzählt	pāruērunt sie gehorchten/ haben gehorcht	fuērunt sie waren/ sind gewesen	iērunt sie gingen/ sind gegangen

Bildungsweise des Perfektstamms: v- und u-Perfekt

Perfektstamm	+	Personalendung des Indikativ Perfekt
narrāv	Sg.	Pl.
pāru	ī/istī/it	imus/istis/ērunt

Den Indikativ Perfekt erkennst du an den Perfektendungen und am Perfektstamm; dieser ist gegenüber dem Verbalstamm (auch Präsensstamm genannt) meist durch Nachsilben (Suffixe) erweitert und/oder in anderer Weise verändert. Esse und īre haben besondere Perfektstämme.
Die meisten Verben der a-Konjugation bilden das Perfekt auf -v, viele der e-Konjugation das u-Perfekt.

Grundsätzlich aber gibt es innerhalb einer Konjugation mehrere Möglichkeiten, den Perfektstamm zu bilden; allerdings hat ein lateinisches Verb in der Regel nur eine Art der Perfektbildung.

b) Funktionen des Perfekts und seine Wiedergabe im Deutschen

Das Perfekt ist neben dem Imperfekt (siehe L VII 1) ein weiteres Vergangenheitstempus.

Das historische Perfekt:	***Past Tense***	***Präteritum***
Graecī Trōiam incendiō dēlēvērunt; tum in Graeciam rediērunt.	The Greeks destroyed Troy through a fire; then they went back to Greece.	Die Griechen zerstörten Troja durch Feuer; dann kehrten sie nach Griechenland zurück.

historisches Perfekt

Das historische (narrative/erzählende) Perfekt steht im Lateinischen, wenn ein Autor (z. T. historische) Ereignisse und Handlungen schildert, die sich in der Vergangenheit abspielten und abgeschlossen sind. Das historische Perfekt wird mit dem Präteritum wiedergegeben.
Zum Vergleich: Im Englischen steht hier das Past Tense.

Das resultative Perfekt:	***Present Perfect***	***Perfekt***
»Bene narrāvistī!«	»You've told that well.«	»Gut hast du das erzählt.«

resultatives Perfekt

Das resultative Perfekt kennzeichnet Handlungen oder Ereignisse der Vergangenheit, deren Ergebnisse (Resultate) bis in die Gegenwart hereinreichen. Eine besondere Erscheinungsform dieser Perfektfunktion ist das konstatierende (feststellende) Perfekt.
Das resultative und konstatierende Perfekt des Lateinischen wird auch im Deutschen mit dem Perfekt wiedergegeben.
Im Englischen steht hier das Present Perfect.

c) Semantische Funktionen von Perfekt und Imperfekt

Rūfus: »Labōrābam; subitō amīcus tēctum intrāvit.«	»I was working; suddenly a friend entered my house.«	»Ich arbeitete gerade; plötzlich betrat ein Freund mein Haus.«

Das Imperfekt kennzeichnet hier die Hintergrund- oder Nebenhandlung, die gerade andauert, das Perfekt die Vordergrund- oder Haupthandlung.

Imperfekt: Hintergrund- oder Nebenhandlung

Perfekt: Vordergrund- oder Haupthandlung

Das Englische verwendet zu diesen Zwecken jeweils das Past Continuous/Progressive und das Simple Past Tense. Im Deutschen steht in beiden Fällen das Präteritum. Zu weiteren Funktionen des Imperfekts siehe L VII 1 b, S. 36 f.

2. Weitere Arten der Zusammensetzung von Wörtern (posse)

Lateinische Wörter werden zusammengesetzt aus dem Grundwort (z. B. esse) und

a) Präfixen (Vorsilben); diese bestehen aus ursprünglichen
Präpositionen: adesse, interesse (siehe L VI 7, S. 35) oder aus
Partikeln: redīre, (re(d): zurück)

b) Ferner gibt es die Zusammenrückung zweier eigenständiger Wörter:
potis (Adjektiv: mächtig, imstande) + esse (Verb: sein) = posse (können)

Posse wird im Präsensstamm wie esse konjugiert; sein Perfektstamm ist potu-.

	Indikativ Präsens		Indikativ Imperfekt		Indikativ Perfekt	
1. Pers. Sg.	possum	ich kann	poteram	ich konnte	potuī	ich konnte/ habe gekonnt
2. Pers. Sg.	potes	du kannst	poterās	du konntest	potuistī	du konntest/…
3. Pers. Sg.	potest	er/sie/es kann	poterat	er konnte	potuit	er konnte/…
1. Pers. Pl.	possumus	wir können	poterāmus	wir konnten	potuimus	wir konnten/…
2. Pers. Pl.	potestis	ihr könnt	poterātis	ihr konntet	potuistis	ihr konntet/…
3. Pers. Pl.	possunt	sie können	poterant	sie konnten	potuērunt	sie konnten/…

Vor es- oder er- steht pot-, sonst wird das t dem folgenden s angeglichen (Assimilation).

3. Besonderheit der Genus-Kongruenz

Aliī convīvae fābulās narrant.	Andere Gäste erzählen Geschichten.

Convīvae ist seiner Form nach Nom. Fem. Pl., aliī Nom. Mask. Pl.. Die Formen sind trotzdem kongruent (übereinstimmend), weil Substantive der a-Deklination maskulines Geschlecht haben, wenn sie eine männliche Person bezeichnen. Das natürliche Genus des einzelnen Wortes ist also wichtiger als sein grammatisches Geschlecht.

natürliches Geschlecht

grammatisches Geschlecht

Lectio XII

1. Weitere Bildungsweisen des Perfektstammes: s- und Dehnungsperfekt

Dīdō dēsīderiō ārsit.	Dido brannte vor Sehnsucht.
Dīdō vīdit Aenēam.	Dido sah Äneas.

Der Perfektstamm kann, außer durch das v- und u-Suffix, auch folgendermaßen gebildet werden:

- durch das Suffix s: ārsī (entstanden aus ārdsī)
- durch Dehnung des Stammvokals: videō ich sehe; aber: vīdī ich sah.

2. Der AcI (Accusativus cum Infinitivo)

Rūfus videt amīcōs vīllam intrāre. Vgl.: Rufus sees the friends come into the country-house.	Rufus sieht die Freunde in das Landgut hereinkommen/Rufus sieht, daß die Freunde in das Landgut hereinkommen.
Rūfus videt convīvās gaudēre.	Rufus sieht, daß die Gäste sich freuen.
Dīdō videt Aenēam maestum esse.	Dido sieht, daß Äneas traurig ist.

a) Form und Wiedergabe des AcI

W:	Substantiv (Nom. Sg. M.)	Verb (3. Pers. Sg.)	Substantiv (Akk. Pl. M.)		Verb (Infinitiv)
				A c I	
	Rūfus	videt	amīcōs	vīllam	intrāre.
			Subjekts-Akkusativ	**Akk.-Obj. im AcI**	**Prädikats-infinitiv**
S:	**Subjekt**	**Prädikat**		**Objekt**	

W:	Substantiv (Nom. Sg. F.)	Verb (3. Pers. Sg.)	Substantiv (Akk. Sg. M.)	Adjektiv (Akk. Sg. M.)	Hilfsverb (Infinitiv)
			A c I		
	Dīdō	videt	Aenēam	maestum	esse.
				Prädikatsnomen	Kopula
			Subjekts-Akkusativ		Prädikats-infinitiv
S:	**Subjekt**	**Prädikat**	**Objekt**		

Der AcI besteht aus dem Akkusativ (hier: amīcōs) und dem Infinitiv eines Vollverbs (hier: intrāre) oder aus einem Akkusativ (hier: Aenēam) und einem Prädikatsnomen (hier: maestum, in KNG-Kongruenz mit Aenēam) und dem Infinitiv des Hilfsverbs esse. Akkusative mit Infinitiv kommen auch im Deutschen vor.
Der AcI ist eine satzwertige Konstruktion. Er besteht aus Subjektsakkusativ und Prädikatsinfinitiv und ist in einem übergeordneten Satz gleichsam verankert.

Die Satzwertigkeit des AcI zeigt sich auch bei seiner Wiedergabe im Deutschen: Hier wird der AcI oft mit einem daß-Satz, also Subjunktionalsatz, übersetzt. Dabei wird der Subjektsakkusativ zum Nominativ, der Prädikatsinfinitiv zur finiten Verbform.

Eine wörtliche Übersetzung ist im Deutschen nur manchmal möglich (s. Beispielsatz 1). Das hängt davon ab, ob im Deutschen nach dem Verb des übergeordneten Satzes ein Akkusativ mit Infinitiv stehen kann. Im Englischen entspricht der AcI als object + infinitive nach bestimmten Verben vielfach dem lateinischen Sprachgebrauch.

Vergleiche:

Dīdō	dēsīderat	Aenēam	laetum	esse.	AcI
Dido	wants	Aeneas	to be	happy.	object + infinitive
Dido	möchte,	daß Äneas	glücklich	ist.	Subjunktionalsatz (hier als Objektsatz)

Beachte: Vor dem daß-Satz steht im Deutschen ein Komma.

b) Syntaktische Funktion

Die syntaktische Funktion des AcI ist in den Beispielsätzen von L XII die Satzposition des Objekts.

3. Der Infinitiv der Vorzeitigkeit (Infinitiv Perfekt, Infinitiv II)

»Putāmus Graecōs in patriam navigāvisse.«
Vgl.: »We believe the Greeks to have left for home.«

»Wir glauben, daß die Griechen in die Heimat gefahren sind.«

a) Form

v-Perfektstamm	u-Perfektstamm	s-Perfektstamm	Dehnungsperfektstamm
lāborāvisse gearbeitet (zu) haben	pāruisse gehorcht (zu) haben	mānsisse geblieben (zu) sein	vīdisse gesehen (zu) haben

Bildungsweise:

navigāv		isse
Perfektstamm	+	Endung des Infinitivs der Vorzeitigkeit

b) Funktion

Dīdō videt Aenēam maestum esse. — Dido sieht, daß Äneas traurig ist.
Dīdō vīdit Aenēam maestum esse. — Dido sah, daß Äneas traurig war.

Der Infinitiv des Verbalstamms (Infinitiv Präsens, Infinitiv I) drückt das Zeitverhältnis der Gleichzeitigkeit zum übergeordneten Satz aus.
Er heißt daher auch Infinitiv der Gleichzeitigkeit.

Dīdō videt Aenēam maestum fuisse. — Dido sieht, daß Äneas traurig war/gewesen ist.
Dīdō vīdit Aenēam maestum fuisse. — Dido sah, daß Äneas traurig gewesen war.

Der Infinitiv des Perfektstamms (Infinitiv Perfekt, Infinitiv II) drückt das Zeitverhältnis der Vorzeitigkeit zum übergeordneten Satz aus.
Er heißt daher auch Infinitiv der Vorzeitigkeit.

4. Funktion des Genitivs: Attribut als genitivus obiectivus

Aenēās semper fātō deōrum pāruit.

Aeneas gehorchte stets dem Spruch der Götter (= dem Spruch, der von den Göttern an ihn erging).

Hier weist der Genitiv auf das Subjekt, also den Ausgangspunkt der Handlung hin: Die Götter tun etwas (genitivus subiectivus).

Multī deī Trōiam nōn servāvērunt propter odium Trōiānōrum.

Viele Götter schützten Troja nicht wegen ihres Hasses gegen die Trojaner (= weil sie die Trojaner haßten).

Hier bezeichnet der Genitiv das Objekt, also das Ziel, auf das die Handlung gerichtet ist: Die Trojaner sind Objekt bzw. Opfer des Hasses der Götter, die auf Seiten der Griechen stehen (genitivus obiectivus).

Der genitivus subiectivus wird auch im Deutschen als Genitiv wiedergegeben, der genitivus obiectivus dagegen meist mit einem Präpositionalausdruck.
Die Entscheidung über die richtige Art der Übersetzung ergibt sich aus dem Satzzusammenhang (Kontext).

5. Fragesätze: Fragewort num

Rufilla:
»Num cūnctī sociī ad Africae ōrās navigāvērunt?«

»Sind etwa alle Begleiter bis zu den Küsten Afrikas gesegelt?«

Gaius:
»Nōn cūnctī, sed nōnnullī ad Africae ōrās navigāvērunt.«

»Nicht alle, sondern nur einige segelten bis zu den Küsten Afrikas.«

Während die Fragepartikel -ne (L VII 5 b) die Antwort offen läßt, legt num die Antwort »nein« nahe.

Lectio XIII

1. Weitere Funktionen und Möglichkeiten der Wiedergabe des AcI

Fāma est lupam Rōmulum et Rēmum servāvisse. — Es heißt, eine Wölfin habe Romulus und Remus gerettet.

W:	Substantiv (Nom. Sg. F.)	Hilfsverb (3. Pers. Sg.)	Substantiv (Akk. Sg. F.)	Substantive (Akk. Sg. M.)	Vollverb (Infinitiv)
				A c I	
	Fāma	est	lupam	Rōmulum et Rēmum	servāvisse.
	Prädikatsnomen	**Kopula**	**Subjekts-Akkusativ**	**Objekte im AcI**	**Prädikatsinfinitiv**
S:	**Prädikat**			**Subjekt**	

a) Syntaktische Funktion

AcI als Subjekt

Der AcI kann nicht nur die Satzposition des Objekts (siehe L XII 2 b), sondern auch die Position des Subjekts einnehmen.

b) Semantische Funktion

Der AcI steht
- nach Verben des Denkens, Meinens, Wissens und der sinnlichen Wahrnehmung:
  putāre, cogitāre (beabsichtigen), non īgnōrāre, mīrum est, cōnstat, vidēre usw.
- nach Verben des Berichtens:
  narrāre, fāma est, respondēre usw.
- nach Verben, die Gefühle ausdrücken:
  gaudēre u. ä.

In all diesen Fällen drückt der AcI aus, daß eine Aussage als Tatsache aufzufassen ist.

c) Möglichkeiten der Wiedergabe

– Wörtliche Übersetzung durch Akkusativ mit Infinitiv: Nur nach einigen Verben, z. B. Verben des Aufforderns und Bittens und der sinnlichen Wahrnehmung (z. B. sehen, hören, ...) möglich, aber nicht im Beispielsatz.

– daß-Satz — Es heißt, daß eine Wölfin Romulus und Remus gerettet habe.

– Nebensatz ohne Subjunktion daß (= indirekte Rede) — Es heißt, eine Wölfin habe Romulus und Remus gerettet.

– Das Verb im übergeordneten Satz wird zum Adverb/Präpositionalausdruck: — Angeblich hat eine Wölfin Romulus und Remus gerettet.

– Das Verb im übergeordneten Satz wird in Parenthese gesetzt (Einschub): — Eine Wölfin hat – wie ein Gerücht besagt – Romulus und Remus gerettet.

2. Die dritte Deklination: Konsonantenstämme

Neben der a-(ersten) Deklination und der o-(zweiten) Deklination gibt es im Lateinischen auch die dritte Deklination. Sie besteht aus Wortstämmen, die entweder auf einen Konsonanten oder den Vokal i enden.

Konsonantenstämme auf -or und -er (r-Stämme)

Kasus	Singular	Plural
Nom./Vok.	victor der/ein Sieger	victōrēs (die) Sieger
Gen.	victōris des/eines Siegers	victōrum der Sieger/von Siegern
Dat.	victōrī dem/einem Sieger	victōribus (den) Siegern
Akk.	victōrem den/einen Sieger	victōrēs (die) Sieger
Abl.	ā victōre von dem/einem Sieger	ā victōribus von (den) Siegern

Bei den Nomina der 3. Deklination entspricht im Bereich der Konsonantenstämme der Wortstock dem Wortstamm, der Ausgang der Endung.

3. Das Pronomen is, ea, id

a) Formen

Kasus	Singular			Plural		
	Mask.	Fem.	Neutr.	Mask.	Fem.	Neutr.
Nom.	is	ea	id	eī (iī)	eae	ea
Gen.		eius		eōrum	eārum	eōrum
Dat.		eī			eīs (iīs)	
Akk.	eum	eam	id	eōs	eās	ea
Abl.	eō	eā	eō		eīs (iīs)	

Is, ea, id wird nach der a- und o-Deklination dekliniert, mit Ausnahme des Genitiv und Dativ Singular -ius und -ī sowie des Nominativ Singular von Maskulinum und Neutrum.

b) Funktion und Wiedergabe als Demonstrativpronomen (hinweisendes Fürwort)

Nōn īgnōrō eōs frātrēs māgnum oppidum, id est Rōmam, aedificāvisse.

Ich weiß genau, daß diese Brüder eine große Siedlung, das heißt/dies ist Rom, erbaut haben.

Is, ea, id kann die Satzposition des Attributs (s. eōs frātrēs) einnehmen, oder es kann anstelle eines Substantivs stehen, das bereits im Satz genannt worden ist: māgnum oppidum – id.

Als Attribut wird is, ea, id mit dieser/diese/dieses wiedergegeben, als Ersatz eines Substantivs ebenfalls mit dieser/diese/dieses oder mit der/die/das.

Mit dieser/diese/dieses wird das substantivische is, ea, id nur dann übersetzt, wenn die bereits genannte Person oder Sache mit besonderem Nachdruck bezeichnet werden soll.

c) Funktion und Wiedergabe als Personalpronomen der 3. Person

Rōmulus et Rēmus fīliī Rhēae Silviae erant. Fāma est lupam eōs servāvisse.

Romulus und Remus waren die Söhne Rhea Silvias. Angeblich hat sie eine Wölfin gerettet.

In allen Kasus außer im Nominativ (siehe L I 2b, S. 10 f.) dient is, ea, id als Personalpronomen der 3. Person.

Dativ Sg.:	eī	ihm/ihr/ihm	Pl.: eīs (iīs)	ihnen
Akkusativ Sg.:	eum/eam/id	ihn/sie/es	Pl.: eōs/eās/ea	sie
Ablativ Sg.:	cum eō/eā/eō	mit ihm/ihr/ihm	Pl.: cum eīs (iīs)	mit ihnen

4. Das Possessivpronomen der 3. Person

Rōmulus oppidum suum mūrō circumdedit. Sed mūrus eius parvus erat.	Romulus umgab seine Siedlung mit einer Mauer. Ihre (deren) Mauer war aber klein.

a) Form

Suus, -a, -um (sein, seine, sein) wird wie meus, -a, -um (mein) und tuus, -a, -um (siehe L VI 2a, S. 32) dekliniert.
Eius bzw. eōrum/eārum/eōrum ist der Genitiv Singular/Plural von is, ea, id und heißt als Possessivpronomen ebenfalls sein/seine/sein.

b) Funktion

suus reflexives Possessivpronomen

Suus, -a, -um (Im Beispielsatz: suum) bezieht sich auf das Subjekt (hier: Rōmulus) des gleichen Satzes. Es wird daher auch rückbezügliches (reflexives) Possessivpronomen genannt.
Eius bzw. eōrum/eārum/eōrum bezieht sich dagegen auf ein Nomen des vorhergehenden Satzes (hier: oppidum), nicht auf das Subjekt des gleichen Satzes (hier: mūrus).

Zur Vermeidung von Missverständnissen kann eius manchmal mit dessen/deren, eōrum, eārum, eōrum mit deren übersetzt werden.

Lectio XIV

1. Die dritte Deklination: Konsonantenstämme

a) Substantive auf -iō und -tās (n- und t-Stämme)

Legiō, Gen. legiōnis (Legion) und aetās, aetātis (Alter) gehören wie victor, victōris ebenfalls zur 3. Deklination, weil auch ihr Wortstamm mit einem Konsonanten endet (legiōn- bzw. aetāt-) und ihr Gen. Sg. auf -is lautet.

b) Die Endungen der Konsonantenstämme der dritten Deklination

Ganz gleich, auf welchen Konsonanten ein Nomen der 3. Deklination mit seinem Stamm auslautet, hat es die folgenden Endungen (bzw. Ausgänge):

	Singular	Plural
Nom./Vok.	- s oder keine Endung	- ēs
Gen.	- is	- um
Dat.	- ī	- ibus
Akk.	- em	- ēs
Abl.	- e	- ibus

c) Genusregeln der 3. Deklination

Nomina auf -or/-er sind in der Regel Maskulina, Nomina auf -iō/-tās Feminina.

2. Das Futur (Zukunft)

Statuās vidēbitis.	Ihr werdet Statuen sehen.
Egō victor erō.	Ich werde Sieger sein.

a) Bildungsweise und Formen

z. B. 3. Pers. Sg.		Tempuszeichen	Bindevokal		Personalendung
Vollverb: Verbalstamm	+	b	i	+	t (3. Pers. Sg.)

	ā-Konjugation	ē-Konjugation	Hilfsverb esse	īre
1. Pers. Sg.	vocābō ich werde rufen	tenēbō ich werde halten	erō ich werde sein	ībō ich werde gehen
2. Pers. Sg.	vocābis	tenēbis	eris	ībis
3. Pers. Sg.	vocābit	tenēbit	erit	ībit
1. Pers. Pl.	vocābimus	tenēbimus	erimus	ībimus
2. Pers. Pl.	vocābitis	tenēbitis	eritis	ībitis
3. Pers. Pl.	vocābunt	tenēbunt	erunt	ībunt

b) Semantische Funktion

Das Futur bezeichnet Vorgänge, die sich in der Zukunft abspielen.

c) Wiedergabe

Crās redībō. I'll be back tomorrow. Ich komme morgen wieder zurück.
Steht beim Futur eine Zeitangabe, so kann es auch mit dem Präsens wiedergegeben werden.

3. Das Interrogativpronomen (Fragefürwort)

Cui id notum est? Wem ist das bekannt?

a) Formen

	Mask./Fem.		Neutr.
Nom.	quis? wer?		quid? was?
Gen.		cuius? wessen?	
Dat.		cui? wem?	
Akk.	quem? wen?		quid? was?
Abl.		ā quō? von wem?	

b) Syntaktische Funktionen

Das Interrogativpronomen kann dieselben Satzpositionen einnehmen wie ein Substantiv. Das Interrogativpronomen gehört zu den Fragewörtern; diese leiten Fragesätze ein (siehe L VII 5, S. 38).

Lectio XV

1. Die dritte Deklination: Konsonantenstämme

Neutra auf -men und -us (n- und r-Stämme)

Puellae	carmen / carmina	recitant.	(Die) Mädchen tragen	ein Gedicht / Gedichte	vor.

Carmen, carminis (Lied, Gedicht) und corpus, corporis (Körper) gehören ebenso wie victor, victōris oder legiō, legiōnis zur dritten Deklination, weil ihr Wortstamm mit einem Konsonanten endet (carmin- und corpor-) und ihr Genitiv Singular auf -is lautet.
Als Neutra haben carmen und corpus im Akkusativ Singular dieselbe Form wie im Nominativ Singular; im Akkusativ und Nominativ Plural lautet ihre Endung -a.
Alle anderen Endungen entsprechen denen der Maskulina und Feminina:

	Singular	Plural
Nom./Vok.	carmen das/ein Gedicht	carmina (die) Gedichte
Gen.	carminis	carminum
Dat.	carminī	carminibus
Akk.	carmen	carmina
Abl.	carmine	carminibus

2. Relativpronomen

Lūdī magister est is, quī līberōs docet.	Ein Lehrer/Lehrer ist der(jenige), der (die) Kinder unterrichtet.
Virī, quōs vidētis, paedagōgī sunt.	Die Männer, die ihr seht, sind Pädagogen.

Formen

	Singular			Plural		
	Maskulin	Feminin	Neutrum	Maskulin	Feminin	Neutrum
Nom.	quī der	quae die	quod das	quī die	quae die	quae die
Gen.	 dessen	cuius deren	 dessen	quōrum deren	quārum deren	quōrum deren
Dat.	 dem	cuī der	 dem	 denen	quibus denen	 denen
Akk.	quem den	quam die	quod das	quōs die	quās die	quae die
Abl.	quō durch den	quā durch die	quō durch das	 durch die	quibus durch die	 durch die

Wie bei allen Pronomina lauten der Genitiv Singular auf -ius, der Dativ Singular auf -ī aus. Dativ und Ablativ Plural haben die entsprechenden Formen der 3. Deklination; die anderen Kasus werden nach der a- und o-Deklination dekliniert.

3. Relativsatz als Attributsatz

W:	Substantiv (Nom. Pl. M.)	Relativpronomen (Akk. Pl. M.)	Verb (2. Pers. Pl.)	Substantiv (Nom. Pl. M.)	Hilfsverb (3. Pers. Pl.)
		Relativsatz			
	Virī,	quōs	vidētis,	paedagōgī	sunt.
		Akk.-Objekt	**Prädikat Subjekt**	**Prädikatsnomen**	**Kopula**
		Attribut			
S:	**Subjekt**			**Prädikat**	

Das Relativpronomen leitet einen Relativsatz ein. Relativsätze sind wie Subjunktionalsätze (siehe L V 2b, S. 27) Sätze, die von einem übergeordneten Satz abhängen; sie gehören also zu den Nebensätzen.

Wie du aus dem obigen Satzmodell erkennen kannst, füllt der Relativsatz hier die Satzposition des Attributs aus und ist daher ein Attributsatz.

Das Relativpronomen richtet sich dabei in Numerus und Genus nach seinem Beziehungswort (hier: virī), im Kasus nach seiner Satzposition innerhalb des Relativsatzes (hier: Akkusativobjekt, deshalb: quōs).

Steht als Beziehungswort vor dem Relativsatz eine Form von is, ea, id (siehe L XIII 3, S. 54), so wird diese mit der(jenige), die(jenige) usw. wiedergegeben.

Vergleiche:

Lūdī magister est is, quī līberōs docet.	Ein Lehrer/Lehrer ist derjenige/der, Lehrer ist einer, der Kinder unterrichtet.

4. Substantivierung von Adjektiven und Pronomina

Praemia, quae magister bonīs dabat, erant crūstula aut alia eius modī.	Die Belohnungen, die der Lehrer den Guten gab, waren Zuckerplätzchen oder andere Dinge/anderes dieser Art.

Wie ein Pronomen kann auch ein Adjektiv anstelle eines Substantivs stehen und dessen syntaktische Funktion (bonīs: hier als Dativobjekt; alia: hier als Prädikatsnomen) einnehmen. Man spricht hier von der Substantivierung oder Nominalisierung von Adjektiven. Diese gilt auch für sogenannte Pronominaladjektive wie aliī, -ae, -a (die anderen) und Pronomina wie is, ea, id (s. L XIII 3b, S. 54) oder quī, quae, quod usw.
Formen des Neutrum Plural können mit dem Plural oder auch mit dem Singular übersetzt werden: alia (hier: N.Pl.): andere Dinge – anderes.

Beachte, daß im lateinischen Satz das Verb, das das Prädikat zu einem substantivierten Adjektiv im Neutrum Plural bildet, im Plural steht, im Deutschen dagegen ebenfalls im Singular, wenn du die Übersetzung des Adjektivs oder Pronomens in der Einzahl gewählt hast. Vergleiche:

Multa eōrum, quae scrīptōrēs narrant, vēra sunt.	a) Viele der Dinge, die Schriftsteller erzählen, sind wahr. b) Vieles von dem/demjenigen, was Schriftsteller erzählen, ist wahr.

Lectio XVI

1. Die dritte Deklination: i-Stämme

Zur dritten Deklination gehören auch Nomina, deren Stamm auf -i endet.
Die i-Stämme der 3. Deklination sind in zwei Hauptgruppen aufgeteilt:

a) Die reinen i-Stämme

	Maskulina/Feminina		Neutra		Ausgänge: M./F. (N.)	Ausgänge: M./F. (N.)
	Singular	Plural	Singular	Plural	Singular	Plural
Nom.	turris f. der/ein Turm	turrēs die Türme/Türme	mare n. das/ein Meer	maria die Meere/Meere	-is (-e)	-ēs (-ia)
Gen.	turris	turrium	maris	marium	-is	-ium
Dat.	turrī	turribus	marī	maribus	-ī	-ibus
Akk.	turrim	turrīs (-ēs)	mare	maria	-im (-e)	-īs/-ēs (-ia)
Abl.	in turrī	in turribus	in marī	in maribus	-ī	-ibus

b) Die gleichsilbigen Wörter auf -is und -es sowie Wörter, deren Wortstock auf zwei oder mehr Konsonanten endet

	Maskulina/Feminina		Maskulina/Feminina		M./F.	M./F.
	Singular	Plural	Singular	Plural	Singular	Plural
Nom.	civis m. der/ein Bürger	civēs die Bürger/Bürger	mons m. der/ein Berg	montēs die Berge/Berge	-is/-ēs/-s/ Stock	-ēs
Gen.	civis	civium	montis	montium	-is	-ium
Dat.	civī	civibus	montī	montibus	-ī	-ibus
Akk.	civem	civēs	montem	montēs	-em	-ēs
Abl.	(a) cive	civibus	in monte	in montibus	-e	-ibus

Civis hat im Nominativ und Genitiv Singular die gleiche Silbenzahl und gehört daher zu den gleichsilbigen Substantiven.
Ausnahmen bei den gleichsilbigen Wörtern: canis im Gen. Pl.: canum.

c) Genusregeln zur 3. Deklination

Die Genusregeln zur 3. Deklination lassen sich in drei grammatischen (!) »Völkernamen« zusammenfassen:

Maskulina sind die OROSERES,

also Nomina auf -or, -ōs, -er, -ēs (Genitiv: -itis) vgl. victor, honōs (L 34 Ehre, Ehrenamt), pater, mīlēs, -itis (Soldat, L 19)

Feminina sind die OASESISUS,

also Nomina auf -ō, -ās, -ēs (Genitiv: -is), -is, -ūs (Genitiv: ūtis/ūdis), vgl. legiō, cīvitās, sedēs (Sitz), turris, salūs (Genitiv: salūtis; L 17: Wohl, Rettung; Gruß) und palūs (Genitiv: palūdis; L 28: Sumpf).

Neutra sind die ELNARURUS,

also Nomina auf e, -l, -n, -ar, -ur, -us (Genitiv: -ris), vgl. mare, animal, carmen, pār (Paar), rōbur (Genitiv: rōboris; Stärke, Kraft), tempus/foedus (Genitiv: foederis; Bündnis, Vertrag).

Die wenigen Ausnahmen beruhen u. a. auf dem Vorrang des natürlichen Geschlechts (z. B. māter als Femininum, arbor als Femininum wegen der weiblichen Baumgottheiten).

2. Das reflexive Personalpronomen im AcI

a) Wiedergabe und Funktion von sē (Akkusativ)

	Mārcus veterānus narrat sē in montibus fuisse.
Vergleiche: S:	Mārcus veterānus narrat eum in montibus fuisse. **Subjektsakkusativ**

- Der Veteran Marcus erzählt, daß er (= er selbst) im Gebirge gewesen ist/sei.
- … daß er (= eine andere, schon erwähnte Person) im Gebirge gewesen ist/sei.

Das reflexive Personalpronomen sē bezeichnet den Subjektsakkusativ des AcI, wenn es sich auf das Subjekt des übergeordneten Satzes bezieht, in dem der AcI verankert ist.
Bei verschiedenen Subjekten steht dagegen der Akkusativ von is, ea, id.

b) Wiedergabe und Funktion von sibi im AcI

W:	reflexives Personalpronomen
	Veterānus narrat sibi montēs placuisse.
Vergleiche:	nichtreflexives Personalpronomen
	Veterānus narrat eī montēs placuisse.
S:	**Dativobjekt im AcI**

- Der Veteran erzählt, daß ihm (= ihm selbst) das Gebirge gefallen hat/habe.
- Der Veteran erzählt, daß ihm (= einer anderen, schon erwähnten Person) das Gebirge gefallen hat/habe.

Das reflexive Personalpronomen sibi bezeichnet das Dativobjekt innerhalb des AcI, wenn es sich auf das Subjekt des übergeordneten Satzes bezieht, in dem der AcI verankert ist; andernfalls steht der Dativ von is, ea, id.
Dementsprechend kann sē neben seiner oben genannten Funktion als Subjektsakkusativ auch ein reflexives Akkusativobjekt innerhalb des AcI bezeichnen.

Beachte: Sē und sibi bezeichnen den Singular und den Plural sowie alle Genera:

Veterānus > sē in montibus fuisse < narrat.
Veterānī > sē in montibus fuisse < narrant.

Der Veteran erzählt, daß er im Gebirge gewesen ist (war).
Die Veteranen erzählen, daß sie im Gebirge gewesen sind (waren).

Puella > sibi montēs placuisse < narrat.
Puellae > sibi montēs placuisse < narrant.

Das Mädchen erzählt, daß ihm das Gebirge gefallen hat/habe.
Die Mädchen erzählen, daß ihnen das Gebirge gefallen hat/habe.

Lectio XVII

1. Die konsonantische Konjugation

Rōmānī multōs populōs regunt. — Die Römer herrschen über viele Völker.

labōrā		nt	Vokalische (hier: a-) Konjugation
reg	u	nt	Konsonantische Konjugation
Verbalstamm	Bindevokal	Personalendung	

Anders als die a- und e-Konjugation, wo der Verbalstamm auf einen Vokal endet, hat die konsonantische Konjugation am Ende des Verbalstamms einen Konsonanten. Meist steht vor der Personalendung ein Bindevokal (i oder u).

a) Indikativ, Imperativ und Infinitiv des Verbalstamms

	Indikativ Präsens		Indikativ Imperfekt	
1. Pers. Sg.	agō	ich handle	agēbam	ich handelte
2. Pers. Sg.	agis	du handelst	agēbās	du handeltest
3. Pers. Sg.	agit	er handelt	agēbat	er handelte
1. Pers. Pl.	agimus	wir handeln	agēbāmus	wir handelten
2. Pers. Pl.	agitis	ihr handelt	agēbātis	ihr handeltet
3. Pers. Pl.	agunt	sie handeln	agēbant	sie handelten

Imperativ			Infinitiv der Gleichzeitigkeit	
Sg.	age!	handle!	agere	handeln
Pl.	agite!	handelt!		

b) Perfektbildung der konsonantischen Konjugation; Infinitiv der Vorzeitigkeit

In der konsonantischen Konjugation kommen all die Möglichkeiten vor, den Perfektstamm zu bilden, die du bereits bei den Verben der a- und e-Konjugation kennengelernt hast.

Da die Bildung des Perfektstamms von der Art der Konjugation eines Verbs unabhängig ist (siehe L XI 1 a, S. 45), mußt du auch bei den Verben der konsonantischen Konjugation stets Verbal- und Perfektstamm voneinander unterscheiden, zumal bei dieser Konjugation keine bestimmte Art, den Perfektstamm zu bilden, vorherrscht.

Infinitiv	Perfektstamm	1. Pers. Sg. Ind. Perf.	Infinitiv der Vorzeitigkeit
lacessere:	v-Perfekt	lacessīvī ich reizte/habe gereizt	lacessīvisse gereizt zu haben
colere: (L 24)	u-Perfekt	coluī ich pflegte/habe gepflegt	coluisse gepflegt zu haben
reddere:	Reduplikationsperfekt	reddidī ich gab zurück/habe zurückgegeben	reddidisse zurückgegeben zu haben
mittere:	s-Perfekt	mīsī[1] ich schickte/habe geschickt	mīsisse[1] geschickt zu haben
offendere:	Perfekt ohne Veränderung des Verbalstamms	offendī ich beleidigte/habe beleidigt	offendisse beleidigt zu haben
subigere:	Dehnungsperfekt	subēgī ich unterwarf/habe unterworfen	subēgisse unterworfen zu haben

[1] T-Laut ist ausgefallen vor s.

2. Der relative Satzanschluß

Flāvus: »Sagittā oculum amīsī.«	»Durch einen Pfeil verlor ich ein Auge.«
Arminius: »Quae deformitās est pretium servitūtis tuae.«	»Diese häßliche Wunde ist der Preis für deinen Sklavendienst.«

Form und Funktion

Das Relativpronomen (hier: quae) leitet manchmal nicht einen Relativsatz, sondern einen Hauptsatz ein; es wird dann mit dem Demonstrativpronomen (dieser) wiedergegeben.
Das Relativpronomen stellt hier eine besonders enge inhaltliche Beziehung zum vorhergehenden Satz her; daher spricht man vom relativen (oder auch: relativischen) Satzanschluß. Er dient als Konnektor. *Konnektor*

Lectio XVIII

1. Konsonantische Konjugation: Futur

Quandō epistulam meam legēs? — Wann wirst du meinen Brief lesen?

1. Pers. Sg.	agam	ich werde handeln
2. Pers. Sg.	agēs	du wirst handeln
3. Pers. Sg.	aget	er wird handeln
1. Pers. Pl.	agēmus	wir werden handeln
2. Pers. Pl.	agētis	ihr werdet handeln
3. Pers. Pl.	agent	sie werden handeln

Die Verben der konsonantischen Konjugation bilden das Futur durch

ag		a		m
Verbalstamm	+	Tempuszeichen a (nur 1. Pers. Sg.) e (übrige Personalformen)	+	Personalendungen -m -s, -t, -mus, -tis, -nt

2. Die Demonstrativpronomina hic (dieser) und ille (jener)

Quandō hanc epistulam legēs? — Wann wirst du diesen Brief lesen?

Fīlium meum ex illō perīculō servāvistī. — Du hast meinen Sohn aus jener Gefahr gerettet.

a) Formen

	Singular			Plural		
	Mask.	Fem.	Neutr.	Mask.	Fem.	Neutr.
Nom.	hic dieser	haec diese	hoc dieses	hī diese	hae diese	haec diese
Gen.	dieses	huius dieser	dieses	hōrum dieser	hārum dieser	hōrum dieser
Dat.	diesem	huic dieser	diesem		hīs diesen	
Akk.	hunc diesen	hanc diese	hoc dieses	hōs diese	hās diese	haec diese
Abl.	(ab) hōc von diesem	(ab) hāc von dieser	hōc von diesem		(ab) hīs von diesen	

	Singular			Plural		
	Mask.	Fem.	Neutr.	Mask.	Fem.	Neutr.
Nom.	ille jener	illa jene	illud jenes	illī jene	illae jene	illa jene
Gen.	 jenes	illīus jener	 jenes	illōrum jener	illārum jener	illōrum jener
Dat.	 jenem	illī jener	 jenem		illīs jenen	
Akk.	illum jenen	illam jene	illud jenes	illōs jene	illās jene	illa jene
Abl.	(ab) illō von jenem	(ab) illā von jener	illō von jenem		(ab) illīs von jenen	

b) Syntaktische Funktionen

W:	Substantiv (Nom. Sg. M.)	Demonstrativ-pronomen (Nom. Sg. M.)	Hilfsverb (3. Pers. Sg.)	Substantiv (Nom. Sg. M.)
	Cariovaldās		est	princeps.
Vergleiche:		Hic	est	princeps.
			Kopula	Prädikatsnomen
S:	**Subjekt**	**Subjekt**	**Prädikat**	

Cariovaldas ist ein Fürst.
Dieser/dies ist ein Fürst.

Wie is, ea, id (siehe L XIII 3b, S. 54) können hic, haec, hoc und ille, illa, illud anstelle von Substantiven verwendet werden und deren Satzpositionen (hier: das Subjekt) einnehmen.

W:	Adverb	Verb (2. Pers. Sg. Fut.)	Demonstrativpr. (Akk. Sg. F.) [Adjektiv]	Substantiv (Akk. Sg. F.)
	Quandō	legēs	hanc [longam]	epistulam?
			Attribut	
S:	**Adverbiale**	**Prädikat + Subjekt**		**Objekt**

Wann wirst du diesen Brief lesen?
Wann wirst du den langen Brief lesen?

Auch hic, haec, hoc und ille, illa, illud können wie is, ea, id anstelle von Adjektiven verwendet werden und deren Satzpositionen (hier: das Attribut) einnehmen.

c) Semantische Funktionen

Hic est Cariovaldas, ille est Segimērus.	This is Cariovaldas, that's Segimerus.	Dies ist Cariovaldas, das ist Segimerus.

Wie englisch this bezeichnet hic die näher stehende Person oder Sache, ille wie englisch that die entfernter stehende.

Haec est Ruttōnia, ille est Segimērus.	Dies ist Ruttonia, das ist Segimerus
Illa est fīlia mea,	Jene (die erstgenannte, erstere, das) ist meine Tochter,
hic est fīlius meus.	dieser (der letztgenannte, letzterer, dies) ist mein Sohn.

Die zuerst genannte Person wird in der Regel im folgenden Satz mit ille, die später genannte Person oder Sache mit hic bezeichnet.
Bei der Übersetzung ins Deutsche wirken die Wörter jener und dieser veraltet und sollten vermieden werden.

Cariovaldas appāruit. Tum hoc dīxit: (auch: haec dixit:)	Cariovaldas tauchte auf. Da sagte er Folgendes:

Hic, haec, hoc kann nicht nur (wie ille, illa, illud) bereits Bekanntes, sondern auch das unmittelbar Bevorstehende bezeichnen und wird dann mit der Folgende usw. übersetzt.

Hae sunt fīliae meae.	These are my daughters.	Das sind meine Töchter.

Bei der Übersetzung ins Deutsche kann beim substantivischen Gebrauch des Demonstrativpronomens in der Satzposition des Subjekts der Singular stehen, obwohl das Prädikat im Plural steht.

3. Weitere Arten von Adverbialsätzen

a) Syntaktische Funktion

Adverbiale Nebensätze füllen die Satzposition des Adverbiales aus (siehe L V 2 b, S. 28).

b) Semantische Funktionen

In L V 2b hast du Kausal- und Temporalsätze kennengelernt, die durch die Subjunktionen quod (weil) und dum (während) eingeleitet werden.

Weitere temporale Subjunktionalsätze

Cum	occāsiō pūgnae est, Germānī mulierēs arcessunt.
Immer/Dann, wenn	es eine Gelegenheit zu kämpfen gibt, holen die Germanen ihre Frauen.
Ubi	occāsiō pūgnae est, Germānī mulierēs arcessunt.
Sobald	es eine Gelegenheit zu kämpfen gibt, holen die Germanen ihre Frauen.
Postquam	Segimērus appāruit, Inguiomērus haec mihi narrāvit.
Nachdem	Segimerus aufgetaucht war, erzählte mir Ingwiomerus folgendes:

Beachte: Das lateinische Perfekt, in dem das Prädikat des postquam-Satzes steht, wird im Deutschen meist mit dem Plusquamperfekt wiedergegeben, wenn das Verb des übergeordneten Satzes in einem Vergangenheitstempus steht. Das Plusquamperfekt drückt die Vorzeitigkeit einer Handlung der Vergangenheit gegenüber einer anderen aus.

Vergleiche Sätze, die mit dum eingeleitet werden:

Dum Inguimerus mihi haec narrat, frāter eius appāruit.
Während Segimerus mir das erzählte, tauchte mein Bruder auf.

Dum-Sätze mit der Bedeutung während stehen im Lateinischen zwar im Präsens, müssen aber im Deutschen mit einem Vergangenheitstempus wiedergegeben werden, wenn das Verb des übergeordneten Satzes im Perfekt oder Imperfekt steht.

Konzessive Subjunktionalsätze

Quamquam	captīvus hōrum barbarōrum sum, nōnnūllī amīcī meī sunt.
Obwohl	ich ein Gefangener dieser Barbaren bin, sind einige meine Freunde.

In einem Konzessivsatz (concēdere: etwas zugestehen, einräumen) wird ein Sachverhalt zugestanden bzw. eingeräumt.

Übersicht: Adverbialsätze

Subjunktion	Wiedergabe	semantische Funktion	Art des Adverbialsatzes
quod	weil	kausal	Kausalsatz
dum (beim Präsens)	während	temporal	Temporalsatz
cum	(dann) wenn/ (immer) wenn	temporal	
postquam (beim Perfekt)	nachdem, als	temporal	
ubi	sobald (als)	temporal	
quamquam	obwohl	konzessiv	Konzessivsatz

4. Satzreihe und Satzgefüge: Ergänzungen

(vgl. L V 2 a und b)

a) Stellung der Subjunktion im Satzgefüge

Postquam Segimērus appāruit, Inguiomērus haec mihi narrāvit.	Nachdem Segimerus gekommen war, erzählte mir Ingwiomerus Folgendes.
Segimērus, postquam appāruit, haec mihi narrāvit.	Nachdem Segimerus gekommen war, erzählte er mir Folgendes.

Bei verschiedenem Subjekt in Haupt- und Nebensatz (1. Beispielsatz) steht die Subjunktion am Anfang des Nebensatzes; bei gleichem Subjekt (2. Beispielsatz) steht dieses unmittelbar vor der Subjunktion. Im Deutschen bleibt die Subjunktion jeweils am Anfang des Subjunktionalsatzes stehen.

b) Aufzählung in einer Satzreihe

Prīmum Mogontiācum ībō, deinde parentēs arcessam, tum tēctum exstruam.	Zuerst werde ich nach Mogontiacum fahren, dann meine Eltern holen und danach ein Haus bauen.

Die Zeitadverbien primum, deinde, tum bezeichnen eine Aufzählung.
Vor dem letzten Bestandteil steht im Deutschen die Konjunktion und, im Lateinischen fehlt dagegen eine entsprechende Konjunktion.

Eine solche Auslassung eines Bindewortes heißt Asyndeton (griech: »das nicht Verbundene«); dieses wird im Lateinischen häufig als Stilmittel zur Hervorhebung verwendet.

Stilmittel Asyndeton

c) Übersicht: Konnektoren

Einleitung von Hauptsätzen:	Konjunktionen Adverbien Relative Satzanschlüsse Pronomina
Bildung einer Satzreihe:	Konjunktionen Adverbien Asyndeta Pronomina
Bildung eines Satzgefüges:	Subjunktionen Relativpronomina

5. Der AcI im Nebensatz

SATZGEFÜGE		
Hauptsatz	Nebensatz	AcI
Diū tē iam exspectāmus,	quamquam cōnstat	Rōmānōs hostēs Germānōrum esse.

Wir warten schon lange auf dich, obwohl bekannt ist, daß die Römer Feinde der Germanen sind.

Der AcI kann natürlich auch im Nebensatz (hier: Adverbialsatz) stehen; im Deutschen wird dem einen Subjunktionalsatz (hier: Adverbialsatz) dabei ein weiterer Subjunktionalsatz (hier: daß-Satz als Subjektsatz) untergeordnet.

Lectio XIX

Das Partizip II (Partizip Perfekt Passiv, PPP): Formen und Funktionen

1. Formen des PPP

Die meisten Verben des Lateinischen, Englischen und Deutschen haben drei Stämme:

Verbalstamm	Stamm des Präteritums (L: Perfektstamm)		Partizip Perfekt- (meist: Passiv) -Stamm
Infinitiv			PPP/Past Participle/Partizip II
L: dare	dedī	Perfekt	datus, -a, -um
E: (to) give	gave	Past Tense	given
D: geben	gab	Präteritum	gegeben

Suffix -tus, -ta, -tum

Du erkennst das PPP an dem Suffix (Nachsilbe) -tus, -ta, -tum, das am Ende eines Verbs steht.
Dieses Suffix schließt an den (z. T. veränderten) Verbalstamm an:

laudātus, -a, -um	monitus, -a, -um	coniunctus, -a, -um
gelobt	gemahnt	verbunden

Bei einigen Verben steht statt -tus, -ta, -tum das Kennzeichen -sus, -sa, -sum[1]:

vīsus, -a, -um
gesehen

missus, -a, -um
geschickt, gesandt

Seiner Form nach steht das Partizip zwischen einem Verb und einem Adjektiv. Diese Mittelstellung zeigt sich auch in seinen Funktionen im Satz.

[1] d + t und t + t wurden zu ss (vgl. missus). ss wurde nach langem Vokal oder Diphthong vereinfacht (vīsus, hausī).

2. Funktionen des PPP

a) Das PPP als »Participium coniunctum« (verbundenes Partizip, PC): Funktion als Attribut (syntaktisch und semantisch)

Quandō Germāniam pacātam et quiētam vīsitābis?	Wann wirst du das unterworfene und friedliche Germanien besuchen?
Quandō Germāniam nōndum expūgnātam relinquēs?	Wann wirst du das noch nicht eroberte Germanien/das Germanien, das noch nicht erobert ist, verlassen?

W:	Adverb	Substantiv (Akk. Sg. F.)	PPP (Akk. Sg. F.)	Konjunktion	Adjektiv (Akk. Sg. F.)	Verb (2. Pers. Sg. Fut.)
	Quandō	Germāniam	pacātam	et	quiētam	vīsitābis?
			Attribut	Konnektor	Attribut	
S:	**Adverbiale**	**Objekt**				**Prädikat + Subjekt**

W:	Adverb	Substantiv (Akk. Sg. F.)	Adverb	PPP (Akk. Sg. F.)	Verb (2. Pers. Sg. Fut.)
	Quandō	Germāniam	nōndum	expūgnātam	relinquēs?
			Adverbiale	Attribut	
S:	**Adverbiale**	**Objekt**			**Prädikat + Subjekt**

In beiden Beispielsätzen ist das Partizip in KNG-Kongruenz wie ein adjektivisches Attribut mit seinem Beziehungswort verbunden; es heißt in dieser Form »Participium coniunctum« (»verbundenes Partizip«, abgekürzt: PC).
Im 1. Satzmodell folgt das PC direkt auf sein Bezugswort, im 2. Modell steht ein Wort dazwischen, das als Adverbiale zum PC gehört.

Wiedergabe des attributiv verwendeten Participium coniunctum

In den Beispielsätzen hat das Partizip syntaktisch die Funktion eines Attributs, semantisch die einer näheren Bestimmung seines Bezugswortes.
Als nähere inhaltliche Bestimmung eines Bezugswortes kann das Participium coniunctum folgendermaßen wiedergegeben werden:

attributives Adjektiv	:	Germānia pacāta et quiēta … Das unterworfene und friedliche Germanien …
geschlossene Wortstellung	:	Germānia nōndum expūgnāta … Das noch nicht eroberte Germanien …
Attributsatz (Relativsatz) ——	:	Das Germanien, das noch nicht erobert ist, …

(Satzzusammenhang: Siehe Beispielsätze)
Besonders bei der Wiedergabe durch einen Relativsatz zeigt sich, daß das Partizip eine satzwertige Konstruktion ist.

b) Das Partizip in substantivischer Verwendung

Cur cum armātīs in Germāniam īstī?	Warum bist du mit Bewaffneten nach Germanien gezogen?

Wie ein Adjektiv (siehe L XV 4, S. 60) kann auch ein Partizip manchmal als Substantiv verwendet werden und daher dessen Satzpositionen einnehmen (hier: das Adverbiale).

c) Das PPP als Prädikatsnomen beim Hilfsverb esse: Indikativ Perfekt Passiv (und Zustandspassiv des Indikativ Präsens)

Ā mīlitibus nostrīs multī labōrēs āctī sunt.	Von unseren Soldaten wurden viele Arbeiten ausgeführt (sind … ausgeführt worden).
»Germānia est terra, quae est dīvīsa in partēs duās.«	»Germanien ist ein Land, das in zwei Teile geteilt ist.«

Formen und deren syntaktische und semantische Funktionen

W:	Präpo-sition	Substantiv (Abl. Pl. M.)	Possessiv-pronomen	Adjektiv (Nominativ	Substantiv Plural	PPP M.)	Hilfsverb (3. Pers. Pl.)
	Ā	mīlitibus	nostrīs	multī	labōrēs	āctī	sunt.
			Attribut	**Attribut**		**PN**	**Kopula**
S:	**Adverbiale**				**Subjekt**	**Prädikat**	

W:	Substantiv	Hilfsverb	PPP	Präpositionalausdruck	Numerale
	Germānia	est	dīvīsa	in partēs	duās.
		Kopula	**Prädikatsnomen**		**Attribut**
S:	**Subjekt**	**Prädikat**		**Präpositionalobjekt**	

- Germanien ist in zwei Teile geteilt. — Zustandspassiv
- Germanien ist in zwei Teile geteilt worden. — Indikativ Perfekt Passiv

Das PPP kann als Prädikatsnomen in Verbindung mit dem Hilfsverb esse nicht nur den Indikativ Perfekt Passiv, sondern auch – in selteneren Fällen – den Indikativ Präsens des Zustandspassivs bezeichnen.
Die Art der Wiedergabe entscheidet der Satzzusammenhang (Kontext).

Zustandspassiv

Die lateinischen Formen für beide Funktionen lauten gleich:

	Indikativ Perfekt Passiv		
1. Pers. Sg.	vocātus, -a sum ich bin gerufen worden/ wurde gerufen	prohibitus, -a sum ich bin abgewehrt worden/ wurde abgewehrt	actus, -a sum ich bin getrieben worden/ wurde getrieben
2. Pers. Sg.	vocātus, -a es du bist gerufen worden…	prohibitus, -a es du bist abgewehrt worden…	actus, -a es du bist getrieben worden…
3. Pers. Sg.	vocātus, -a, -um est er/sie/es ist gerufen worden…	prohibitus, -a, -um est er/sie/es ist abgewehrt worden…	actus, -a, -um est er/sie/es ist getrieben worden…
1. Pers. Pl.	vocātī, -ae sumus wir sind gerufen worden…	prohibitī, -ae sumus wir sind abgewehrt worden…	actī, -ae sumus wir sind getrieben worden…
2. Pers. Pl.	vocātī, -ae estis ihr seid gerufen worden…	prohibitī, -ae estis ihr seid abgewehrt worden…	actī, -ae estis ihr seid getrieben worden…
3. Pers. Pl.	vocātī, -ae, -a sunt sie sind gerufen worden…	prohibitī, -ae, -a sunt sie sind abgewehrt worden…	actī, -ae, -a sunt sie sind getrieben worden…

3. Aktiv und Passiv: Genera Verbi

Das Passiv ist neben dem Aktiv die Handlungsart des Verbs (Genus Verbi), die zeigt, wie die Person oder Sache des Subjekts von der Handlung oder Aussage eines Satzes betroffen ist.

Ist die Person oder Sache des Subjekts aktive Handlungsträgerin, steht das Prädikat im Aktiv; alle bis L XVIII gelernten finiten und infiniten Verbformen stehen im Aktiv.

Ist die Person oder Sache des Subjekts dagegen nur passiv, also unselbständig oder gar (er)leidend (vgl. Patient) von der Handlung des Satzes betroffen, steht das Prädikat im Passiv.
Das Genus Verbi ist die 5. Bestimmungsart eines Verbs (siehe L V 4, S. 29 und L VII 2, S. 37).

portāvit:
3. Pers. Sg. Ind. Perf. Aktiv

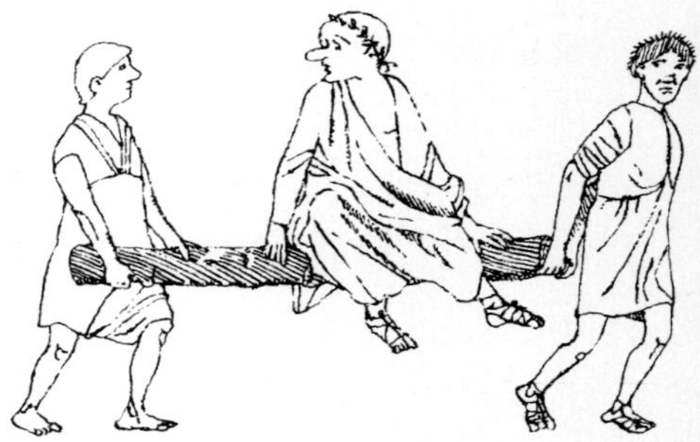

portātus est:
3. Pers. Sg. Ind. Perf. Passiv

4. Infinitiv Perfekt Passiv (Infinitiv II Passiv, Infinitiv der Vorzeitigkeit)

Cōnstat limitī turrēs additās esse.	Es ist bekannt, daß dem Limes Türme hinzugefügt worden sind (wurden).

Form und Funktion:

laudātum, -am, -um/ laudātōs, -ās, -a esse	: gelobt worden (zu) sein
monitum, -am, -um/ monitōs, -ās, -a esse	: gemahnt worden (zu) sein
PPP (meist im Akkusativ) + esse	: Infinitiv Perf. Pass.

Da der Infinitiv Perfekt Passiv meist als Prädikatsinfinitiv beim AcI vorkommt, sind seine Formen hier im Akkusativ angegeben.

Übersicht über Lektion 11–19

Syntax

Satzpositionen

- Subjekt: AcI (L. XIII 1 a, S. 52) – is, ea, id (L. XIII 3 b, S. 54) – hic; ille (L. XVIII 2 b, S. 67) – Substantivierung v. Adjekt. u. Pron. (L. XV 4, S. 60)
- Prädikat: Kongruenz (L. XI 3, S. 47) – Ind. Perf. (L. XI 1 b–c, S. 46 f.) – Inf. d. Vorzeitigkeit (L. XII 3, S. 50) – PPP (L. XIX 2 c, S. 74 f.) – Inf. Perf. Pass. (L. XIX 4, S. 76) – Genera Verbi (Aktiv/Passiv): (L. XIX 3, S. 76)
- Objekt: AcI (L. XII 2, S. 49) – is, ea, id (L. XIII 3 b, S. 54) – hic; ille (L. XVIII 2 b, S. 67) – Substantivierung von Adjekt. u. Pron. (L. XV 4, S. 60) – refl. Personalpron. im AcI (L. XVI 2, S. 62 f.)
- Adverbiale: Adverbiale Nebensätze (L. XVIII 3, S. 68–70)
- Attribut: Gen. obiectivus (L. XII 4, S. 51) – is, ea, id (L. XIII 3 b, S. 54) – hic, haec, hoc (L. XVIII 2 b, S. 68) – ille, illa, illud (L. XVIII 2 b, S. 68) – PPP (L. XIX 2 a, S. 73 f.) – attributiver Nebensatz: Relativsatz (L. XV 3, S. 59 f.)
- Konnektoren: (L. XVIII 4 c, S. 71) – rel. Satzanschl. (L. XVII 2, S. 65)

Satzarten: Satzreihe/Satzgefüge (L. XVIII 5, S. 70 f.) – AcI im Nebensatz (L. XVIII 5, S. 71) – Fragesätze (L. XII 5, S. 51)

Formenlehre

Konjugationen

- a- u. e-Konjug.: Ind. Perf.: u- und v-Perf. (L. XI 1 a, S. 45 f.) – s- u. Dehnungsperf. (L. XII 1, S. 48) – Futur (L. XIV 2 a, S. 56 f.) – PPP (L. XIX 1, S. 72)
- konson.: Ind. Präs., Imperf. (L. XVII 1 a, S. 64) – Inf. d. Verbalstamms (L. XVII 1 a, S. 64) – Ind. Perf. (L. XVII 1 b, S. 64 f.) – Inf. d. Vorzeitigkeit (L. XVII 1 b, S. 64 f.) – Futur (L. XVIII 1, S. 66) – PPP (L. XIX 1, S. 72)
- posse: Ind. Präs., Imperf., Perf. (L. XI 2, S. 47) – Futur (L. XIV 2, S. 56 f.)
- īre: Futur (L. XIV 2, S. 56 f.)

Deklinationen

3. Deklination, Substantive – Konsonantenstämme:

- auf -or und -er (L. XIII 2, S. 53) – auf -io und -tas (L. XIV 1, S. 56) – auf -men und -us (L. XV 1, S. 58) – Genusregeln (L. XVI 1 c, S. 62)
- i-Stämme: reine i-Stämme (L. XVI 1 a, S. 61) – gleichsilbige Wörter auf -es/-is (L. XVI 1 b, S. 61) – Genusregeln: (L. XVI 1 c, S. 62)
- Pronomina: Demonstrativpr.: is (L. XIII 3, S. 54) – hic; ille (L. XVIII 2 a, S. 66 f.) Personalpr.: is (L. XIII 3 c, S. 54 f.) Possessivpr.: suus (L. XIII 4, S. 55) Interrogativpr.: quis? (L. XIV 3, S. 57) Relativpr.: quī (L. XV 2, S. 59)

Lectio XXI

1. Participium Coniunctum: Funktionen als Prädikatsattribut (Prädikativum) und Adverbiale

a) Das PC als Prädikatsattribut (Prädikativum)

Biēnus mīlitem videt, quī in fossā sedet.	Bienus sieht einen Soldaten, der in einem Graben sitzt.
Mercātor armātus mīlitem nōn timet.	Da er bewaffnet ist, hat der Kaufmann vor dem Soldaten keine Angst. (Als Bewaffneter/Bewaffnet hat der...)

W:	Substantiv (Nom. Sg. M.)		PPP (Nom. Sg. M.)		Negation	Verb (3. Pers. Sg.)	Substantiv (Akk. Sg. M.)
	Mercātor		armātus		nōn	timet	mīlitem.
S:	**Subjekt**	KNG-Kongruenz	**Prädikatsattribut (Prädikativum)**	KNG-Kongruenz / semantisch	**Prädikat**		**Objekt**

Wie in L XIX 2a ist das PC (hier: armātus) ein Attribut zu einem Bezugswort. Der Satzzusammenhang (Kontext) zeigt, daß das PC armātus seinem Inhalt nach sich nicht nur auf das Subjekt, sondern auch auf das Prädikat bezieht. Wie ein Prädikatsnomen (siehe L I 3b, S. 13 f.) bestimmt armātus die Aussage des Prädikats näher: Die Tatsache, daß er bewaffnet ist, nimmt dem Kaufmann die Furcht vor dem Soldaten.

prädikative Verwendung

Wenn ein Adjektiv, Substantiv, Zahlwort oder wie im vorliegenden Fall ein Partizip den Inhalt des Prädikats erweitert, spricht man von prädikativer Verwendung; das PC ist hier also ein Satzgliedteil des Prädikats und heißt daher Prädikatsattribut oder Prädikativum.

Das Prädikatsattribut ist im Lateinischen formal nicht von einem Subjektsattribut (siehe oben) oder Objektsattribut usw. zu unterscheiden (vgl. Prädikatsnomen im Lateinischen (L I 3b), wohl aber im Deutschen:

Vergleiche:

Mercātor armātus nōn timet mīlitem.
Subjekt – Attribut

Subjektsattribut
PPP: attributive Verwendung (L XIX 2a)

Ein bewaffneter Kaufmann/Der bewaffnete Kaufmann hat keine Angst vor dem Soldaten.

Mercātor armātus nōn timet mīlitem.
Attribut – Prädikat

Prädikatsattribut
PPP: prädikative Verwendung

Bewaffnet hat der Kaufmann keine Angst vor dem Soldaten.

Im Lateinischen hat das Prädikativum dieselben Ausgänge wie ein unmittelbar zu einem Nomen gehöriges Attribut (Subjektsattribut, Objektsattribut usw.); im Deutschen dagegen ist das Prädikativum endungslos.

b) Das prädikativ verwendete PC als Adverbiale

Das Prädikativum läßt sich oft wörtlich wiedergeben; um aber seine besondere Sinnrichtung, die der Kontext bewirkt, möglichst treffend auszudrücken, kann das Prädikativum oft auch durch einen adverbialen Nebensatz wiedergegeben werden; meist sind auch die Übersetzungen durch einen adverbialen Präpositionalausdruck oder durch einen Satz möglich, der mit dem übergeordneten Satz durch die Konjunktion und oder durch andere beiordnende Konnektoren (s. L I 5, S. 14) verknüpft wird.

	Mercātor	armātus	nōn timet	mīlitem.
Satzposition	Subjekt	Prädikativum	Prädikat	Objekt
		Adverbiale		
Adverbialsatz		Weil der Kaufmann bewaffnet ist,		hat er keine Angst vor dem Soldaten.
Adverbialer Präpositional-ausdruck		Wegen seiner Bewaffnung		hat der Kaufmann keine Angst vor dem Soldaten.
Beigeordneter Satz + Konnektor		Der Kaufmann ist bewaffnet; und		deshalb hat er keine Angst vor dem Soldaten.

Die semantische Funktion des prädikativ verwendeten PCs richtet sich nach dem Kontext; in diesem Beispielsatz liegt die kausale Sinnrichtung vor.
Nicht nur bei der attributiven (L XIX 2a, S. 73), sondern auch bei der prädikativen Verwendung des Partizips zeigt sich dessen Satzwertigkeit.

c) Zeitverhältnis des PPP zum übergeordneten Satz: Vorzeitigkeit

	PPP	Prädikat im Präsens
		dicit:
Sextus ā Biēnō	interrogātus	
		dīxit:
	PPP	Prädikat im Vergangenheitstempus
		sagt Sextus:
Von Bienus gefragt		
		sagte Sextus:
Nachdem er von Bienus	gefragt worden ist,	sagt Sextus:
Temporalsatz:	Perfekt	Hauptsatz: Präsens
Nachdem er von Bienus	gefragt worden war, (wurde)	sagte Sextus:
Temporalsatz:	Plusquamperfekt (Präteritum)	Hauptsatz: Vergangenheitstempus

Das Partizip Perfekt Passiv drückt die Vorzeitigkeit einer Handlung oder eines Ereignisses gegenüber einer anderen Handlung oder einem anderen Ereignis aus.
Wird das PPP im Deutschen durch einen Subjunktionalsatz (z. B. durch als, nachdem, weil usw. eingeleitet) oder durch einen Relativsatz ausgedrückt, so entscheidet das Tempus des übergeordneten Prädikates über das Tempus solcher Nebensätze.

2. Die kurzvokalische ĭ-Konjugation

	Präsens	Imperfekt	Futur	Imperativ
Singular				
1. Pers.	capiō ich fange	capiēbam ich fing	capiam ich werde fangen	
2. Pers.	capis	capiēbās	capiēs	cape!
3. Pers.	capit	capiēbat	capiet	
Plural				
1. Pers.	capimus	capiēbāmus	capiēmus	
2. Pers.	capitis	capiēbātis	capiētis	cápite!
3. Pers.	capiunt	capiēbant	capient	Infinitiv: cápĕre

Der Verbalstamm der Verben der kurzvokalischen ĭ-Konjugation endet in der Regel auf -ĭ. Es gibt nur wenige Ausnahmen (z. B. Infinitiv).

Lectio XXII

1. Participium Coniunctum: konzessive Sinnrichtung

Germānī fīnibus Rōmānīs saepe prohibitī tamen prōvinciās Rōmānās oppūgnant.	Von den römischen Grenzen oft abgewehrt, bestürmen die Germanen trotzdem die römischen Provinzen.

Wegen des Satzzusammenhangs kann das Partizip hier als Prädikativum aufgefaßt werden. Darüber hinaus zeigen der Kontext und insbesondere die Konjunktion tamen (trotzdem), daß zwischen der satzwertigen Konstruktion des Partizips und dem übergeordneten Satz ein konzessives Sinnverhältnis (s. L XVIII 3 b, S. 69) vorliegt.

Mögliche Arten der Übersetzung

Konzessiver Adverbialsatz
Obwohl die Germanen von den römischen Grenzen schon oft abgewehrt worden sind, bestürmen sie trotzdem die römischen Provinzen.

Präpositionalausdruck als konzessives Adverbiale
Trotz häufiger Abwehr von den römischen Grenzen bestürmen die Germanen die römischen Provinzen.

Beigeordneter Satz (mit Einleitung des übergeordneten Satzes durch konzessive Konjunktion)
Zwar sind die Germanen schon oft von den römischen Grenzen abgewehrt worden; (aber) trotzdem bestürmen sie die römischen Provinzen.

2. Das Passiv des Verbal-/Präsensstamms

Biēnus vocor.	Ich werde Bienus genannt/Ich heiße Bienus. Man nennt mich Bienus.
Iam diū exspectāris.	Schon lange wirst du erwartet/Man wartet schon lange auf dich.

a) Formen

Präsens

	ā-Konjugation	ē-Konjugation	konsonantische Konjugation	ĭ-Konjugation
Singular				
1. Pers.	laudor ich werde gelobt	videor ich werde gesehen	regor ich werde regiert	capior ich werde gefangen
2. Pers.	laudāris	vidēris	regeris	caperis
3. Pers.	laudātur	vidētur	regitur	capitur
Plural				
1. Pers.	laudāmur	vidēmur	regimur	capimur
2. Pers.	laudāminī	vidēminī	regiminī	capiminī
3. Pers.	laudantur	videntur	reguntur	capiuntur

Infinitiv Präsens Passiv

	laudārī gelobt (zu) werden	vidērī gesehen (zu) werden	regī regiert (zu) werden	capī gefangen (zu) werden

Imperfekt

Singular				
1. Pers.	laudābar ich wurde gelobt	vidēbar ich wurde gesehen	regēbar ich wurde regiert	capiēbar ich wurde gefangen
2. Pers.	laudābāris	vidēbāris	regēbāris	capiēbāris
3. Pers.	laudābātur	vidēbātur	regēbātur	capiēbātur
Plural				
1. Pers.	laudābāmur	vidēbāmur	regēbāmur	capiēbāmur
2. Pers.	laudābāminī	vidēbāminī	regēbāminī	capiēbāminī
3. Pers.	laudābantur	vidēbantur	regēbantur	capiēbantur

Futur

Singular				
1. Pers.	laudābor ich werde gelobt werden	vidēbor ich werde gesehen werden	regar ich werde regiert werden	capiar ich werde gefangen werden
2. Pers.	laudāberis	vidēberis	regēris	capiēris
3. Pers.	laudābitur	vidēbitur	regētur	capiētur
Plural				
1. Pers.	laudābimur	vidēbimur	regēmur	capiēmur
2. Pers.	laudābiminī	vidēbiminī	regēminī	capiēminī
3. Pers.	laudābuntur	vidēbuntur	regentur	capientur

Die Personalformen des Verbalstamms im Passiv

Person	Singular	Plural
1.	-or	-mur
2.	-ris	-minī
3.	-tur	-ntur

Die Endung des Infinitivs lautet bei der a- und e-Konjugation -rī, bei der konsonantischen und ĭ-Konjugation -ī.

b) Funktion

Der Indikativ Präsens Passiv drückt Vorgänge aus, die im Passiv dargestellt werden; im Gegensatz dazu bezeichnen das PPP und der Indikativ Perfekt Passiv von esse einen Zustand (s. L XIX 2 c, S. 74 f.).

Germānia ā Rōmānīs dīviditur.	Germanien wird (jetzt) von den Römern geteilt.
Germānia dīvīsa est in partēs duās.	Germanien ist in zwei Hälften geteilt.

Imperfekt und Futur Passiv haben dieselben syntaktischen und semantischen Funktionen wie die entsprechenden Aktivformen. Der Infinitiv Passiv des Verbalstamms ist der Infinitiv der Gleichzeitigkeit beim Passiv.
Im Deutschen läßt sich das lateinische Passiv manchmal durch das Aktiv ausdrücken (besonders durch das unpersönliche »man«; vgl. die Beispielsätze).

Lectio XXIII

1. Adjektive der 3. Deklination

Nicht nur bei den Substantiven (s. L XIII 2, S. 53; XVI, S. 61), sondern auch bei den Adjektiven der 3. Deklination gibt es konsonantische und vokalische (i-) Stämme.

a) Konsonantenstämme

Mīles vetus	domina vetus	aedificium vetus
Der alte/	die alte/	das alte/
Ein alter Soldat	eine alte Hausherrin	ein altes Haus

Die Adjektive vetus, Genitiv veteris (alt), dīves, Genitiv divitis (reich), pauper, Genitiv pauperis (arm) haben für Maskulinum, Femininum und Neutrum jeweils ein und denselben Ausgang, mit Ausnahme der für das Neutrum bekannten Regeln.
Sie werden wie victor (s. L XIII 2, S. 53) bzw. carmen (s. L XV 1, S. 58) dekliniert.

Kasus	Singular			Plural		
	Mask.	Fem.	Neutr.	Mask.	Fem.	Neutr.
Nom.		vetus		veterēs		vetera
Gen.		veteris			veterum	
Dat.		veterī			veteribus	
Akk.	veterem		vetus	veterēs		vetera
Abl.		vetere			veteribus	

b) i-Stämme

Vir celeber	mulier celebris	mare celebre
Der berühmte Mann	die berühmte Frau	das berühmte Meer

dreiendige Adjektive

Celeber, celebris, celebre (berühmt), celer, celeris, celere (schnell), ācer, ācris, ācre (scharf, heftig) haben im Nominativ (bzw. Vokativ) Singular je drei verschiedene Ausgänge für Maskulin, Femininum, Neutrum; sie sind dreiendige Adjektive.

Omnis vir	omnis via	omne templum
Jeder Mann	jede Straße	jeder Tempel

zweiendige Adjektive

Omnis, omne hat im Nominativ Singular zwei Ausgänge; Maskulinum und Femininum enden auf -is, das Neutrum auf -e; omnis, omne ist daher ein zweiendiges Adjektiv.

Vir audāx	mulier audāx	animal audāx
Der freche Mann	die freche Frau	das freche Tier

Audāx hat im Nominativ Singular einen Ausgang für alle drei Genera: Es endet stets auf -x. Es ist daher ein einendiges Adjektiv (vgl. die Konsonantenstämme dīves, pauper, vetus). *einendige Adjektive*

Die drei-, zwei- und einendigen Adjektive der 3. Deklination (i-Stämme) werden wie die entsprechenden substantivischen i-Stämme (s. L XVI 1 b, S. 61, gleichsilbige Substantive usw.) dekliniert:

		Mask.	Fem.	Neutr.	Mask./Fem.	Neutr.	Mask./Fem.	Neutr.
Sg.	Nom.	celer	celeris	celere	fortis	forte	audāx	
	Gen.		celeris		fortis		audācis	
	Dat.		celerī		fortī		audācī	
	Akk.	celerem	celerem	celere	fortem	forte	audācem	audāx
	Abl.		celerī		fortī		audācī	
Pl.	Nom.	celerēs	celerēs	celeria	fortēs	fortia	audācēs	audācia
	Gen.		celerium		fortium		audācium	
	Dat.		celeribus		fortibus		audācibus	
	Akk.	celerēs	celerēs	celeria	fortēs	fortia	audācēs	audācia
	Abl.		celeribus		fortibus		audācibus	

2. Adverbiale: Ablativ des Grundes und des Ortes

a) Ablativ des Grundes (ablativus causae)

Amīcī vīnō gaudent.	Die Freunde freuen sich über den Wein.

Im Beispielsatz übernimmt das Nomen im Ablativ die Satzposition des Adverbiales, da es eine nähere Umstandsbestimmung des Verbinhalts gibt.
Man findet die semantische Funktion des Ablativs hier mit den Fragen wodurch? woran? worüber?
Das Substantiv steht also im Ablativ des Grundes (ablativus causae).

b) Ablativ des Ortes (ablativus loci)

Rōmānī in Ītāliā nōnnullīs locīs nātūram dēlēvērunt.	Die Römer haben an einigen Orten in Italien die Natur zerstört.

Auch in diesem Beispielsatz gibt der Ablativ eine nähere Umstandsbestimmung des Verbinhalts und hat demnach die Funktion des Adverbiales.
Das Nomen im Ablativ steht hier auf die Frage wo? und gibt somit eine Ortsangabe. Bisher kennst du den Ablativ des Ortes nur in Verbindung mit einer Präposition (vgl. Beispielsatz und L IX 1 b, S. 42).

Lectio XXIV

1. Weitere Füllungsarten von Attribut und Adverbiale

a) Ablativ der Beschaffenheit (ablativus qualitatis)

Celerīnus vir bonā valētūdine erat.	Celerinus war ein Mann von guter Gesundheit/war ein gesunder Mann.
Celerīnus bonā valētūdine erat.	Celerinus war von guter Gesundheit/war gesund.

Syntaktische Funktion

In Verbindung mit einem substantivischen Bezugswort kann der Ablativ eines Nomens die syntaktische Funktion eines Attributs, in Verbindung mit esse die eines Prädikatsnomens haben.

Semantische Funktion

In den genannten Satzpositionen kann der Ablativ die Eigenschaft einer Person oder Beschaffenheit einer Sache bezeichnen; er heißt in dieser Funktion ablativus qualitatis. Im Satz läßt er sich mit wovon? erfragen.
Der abl. qual. wird durch einen Präpositionalausdruck oder adjektivisch wiedergegeben.

b) Ablativ des Maßes (ablativus mensurae)

Celerīnus in Hispāniā nātus est.	Celerinus ist in Spanien geboren.
Septendecim annīs post stipendia meruit.	17 Jahre später leistete er Kriegsdienst.
Paulō post Marciam in mātrimōnium dūxit.	Wenig (um weniges) später heiratete er Marcia.

Syntaktische und semantische Funktion

Als Umstandsangabe steht der Ablativ hier an der Satzposition des Adverbiales. Er bezeichnet dabei den Unterschied, den Grad oder das Maß, worin sich eine Person oder Sache von einer anderen unterscheidet.

Man findet diese semantische Funktion des Ablativs mit der Frage um wieviel? Daher heißt er ablativus mensurae. Der Ablativ wird in dieser Funktion im Deutschen meist mit dem Nominativ wiedergegeben.

2. Die e- (fünfte) Deklination

Rēs pūblica māgnō in perīculō erat. Der Staat war in großer Gefahr.

a) Formen

Kasus	Singular		Plural	
Nom./Vok.	rēs	die/eine Sache	rēs	(die) Sachen
Gen.	reī	der/einer Sache	rērum	der/von Sachen
Dat.	reī	der/einer Sache	rēbus	(den) Sachen
Akk.	rem	die/eine Sache	rēs	(die) Sachen
Abl.	rē	durch die/eine Sache	rēbus	durch (die) Sachen

Übersicht über die Ausgänge

Kasus	Singular	Plural
Nom./Vok.	-ēs	-ēs
Gen.	-eī	-ērum
Dat.	-eī	-ēbus
Akk.	-em	-ēs
Abl.	-ē	-ēbus

Stammbildung

Wortstock +	Stammvokal +	Endung	
pernici	ē	rum	Genitiv Plural
Wortstock +	Ausgang		

Die Substantive der e-Deklination sind e-Stämme; sie gehören daher einer vokalischen Deklination an (vgl. L XVI 1, S. 61).

b) Genusregel

Die meisten Substantive der e-Deklination sind Feminina.

Lectio XXV

Das Partizip Präsens Aktiv (PPA, Partizip I)

Per agrōs ambulāns Celerīnus patriam ante oculōs habēbat.	Während er über die Felder spazieren ging/ Bei seinem Spaziergang über die Felder/ hatte Celerinus die Heimat vor Augen. Celerinus ging über die Felder spazieren und hatte dabei die Heimat vor Augen.
Cottidiē Celerīnus agrōs cum servō eum adiuvante colēbat.	Täglich bestellte Celerinus die Felder mit einem Sklaven, der ihm (dabei) half.
In Hispāniā varietās pōmōrum flōrentium māgna est.	In Spanien ist die Vielfalt von/der blühenden Obstbäume(n) groß.
Amantēs sunt amentēs.	Liebende sind verrückt.

1. Formen

		ā-Konjugation		ē-Konjugation		ĭ-(kurzvok.) Konj.		īre	
		Mask./Fem.	Neutr.	Mask./Fem.	Neutr.	Mask./Fem.	Neutr.	Mask./Fem.	Neutr.
Sg.	Nom.	amāns		flōrēns		faciēns		iēns	
	Gen.	amantis		flōrentis		facientis		euntis	
	Dat.	amantī		flōrentī		facientī		euntī	
	Akk.	amantem	amāns	flōrentem	flōrens	facientem	faciens	euntem	iēns
	Abl.	amante		flōrente		faciente		eunte	
Pl.	Nom.	amantēs	amantia	flōrentēs	florentia	facientēs	facientia	euntēs	euntia
	Gen.	amantium		flōrentium		facientium		euntium	
	Dat.	amantibus		flōrentibus		facientibus		euntibus	
	Akk.	amantēs	amantia	flōrentēs	florentia	facientēs	facientia	euntēs	euntia
	Abl.	amantibus		flōrentibus		facientibus		euntibus	
		liebend		blühend		herstellend		gehend	

Bildungsweise (Beispiel hier: Nom./Akk. Pl. Mask./Fem.)

ama		nt	ēs	die Liebenden/liebend(e)
flōre		nt	ēs	die Blühenden/blühend(e)
faci	e	nt	ēs	die Hersteller/herstellend(e)
col	e	nt	ēs	die Pflegenden/pflegend(e)
e	u	nt	ēs	die Gehenden/gehend(e)
Verbalstamm	Bindevokal	PPA-Kennzeichen	Ausgang	

Hinweis zur Wortgeschichte: Im Nominativ Singular ist das -t vor dem Ausgang s ausgefallen: amans.

Deklination

Das PPA wird mit Ausnahme des Ablativ Singular, der auf -e endet, wie die einendigen Adjektive der i-Stämme der 3. Deklination (s. L XXIII 1 b, S. 85) dekliniert.

2. Funktionen

a) Syntaktische und semantische Funktion

Im 1. Beispielsatz ist das PPA ein Participium coniunctum (s. L XIX 2 a, S. 73). Wie der Kontext zeigt, gehört es syntaktisch und semantisch als Prädikatsattribut (= Prädikativum, s. L XXI 1 a, S. 78 f.) zum Prädikat des übergeordneten Satzes.

Dabei kann es nicht nur wörtlich als Prädikativum, sondern auch in freier Übersetzung als Adverbiale (s. L XXI 1 b) wiedergegeben werden:

Mit Adverbialsatz, hier in temporaler Sinnrichtung. Mit Präpositionalausdruck. Mit Beiordnung.

Auch im 2. und 3. Beispielsatz ist das PPA ein Participium coniunctum, es steht hier aber als Attribut eines Substantivs. Es wird mit einem Relativsatz oder adjektivisch wiedergegeben.
In den ersten beiden Sätzen zeigt sich deutlich die Eigenschaft des PPA als satzwertige Konstruktion (vgl. L XIX 2 a, S. 74). *satzwertige Konstruktion*

Im 3. Beispielsatz steht das PPA gleichfalls als attributives Participium Coniunctum in KNG-Kongruenz bei einem Substantiv, ist aber nicht durch Satzglieder erweitert (im 2. Satz steht ein Akkusativobjekt – eum – beim Partizip). Das PPA kann hier also wie ein Adjektiv wiedergegeben werden.

Im 4. Beispielsatz hat das PPA die Satzposition des Subjekts; es wird daher als Substantiv wiedergegeben und mit Großbuchstaben geschrieben (s. L XIX 2b, S. 74).

b) PPA und PPP: Gleichzeitigkeit und Vorzeitigkeit

Celerīnus stipendia faciēns in Germāniā prōvinciā vītam ēgit.	Während seines Kriegsdienstes/ während er seinen Kriegsdienst leistete, lebte Celerinus in der Provinz Germanien.
Stipendia ā Celerīnō facta imperatōrem dēlectāvērunt.	Der Kriegsdienst, der von Celerinus geleistet worden war, machte dem Feldherrn Freude.

Das PPA bezeichnet die Gleichzeitigkeit zwischen Handlungen oder Ereignissen. Wenn es mit einem Adverbialsatz oder als beigeordneter Satz übersetzt wird, steht es im Deutschen daher in demselben Tempus wie das Prädikat des übergeordneten Satzes.

Das PPP drückt dagegen die Vorzeitigkeit zwischen beiden Handlungen oder Ereignissen aus.

c) Wiedergabe von PPA und PPP in prädikativer Verwendung

Sinnrichtung des Partizips	Adverbialsatz	Beiordnung zum übergeordneten Satz (mit Konjunktion)	Präpositional-ausdruck
temporal PPA:	während; als	und währenddessen	während
temporal PPP:	nachdem; als	(und) darauf; dann; danach	nach
kausal	weil; da	(und) deshalb; daher; deswegen	wegen; infolge; aus
konzessiv	obwohl; wenn auch	(aber) trotzdem; dennoch	trotz

Lectio XXVI

1. Die u- (vierte) Deklination

Disciplīnā exercituum nostrōrum imperium Rōmānum auctum est.

Durch die Disziplin unserer Heere wurde das römische Reich vergrößert.

a) Formen

Kasus	Singular		Plural	
Nom./Vok.	exercitus	das/ein Heer	exercitūs	(die) Heere
Gen.	exercitūs	des/eines Heeres	exercituum	der Heere/von Heeren
Dat.	exercituī	dem/einem Heer	exercitibus	(den) Heeren
Akk.	exercitum	das/ein Heer	exercitūs	(die) Heere
Abl.	exercitū	durch das/ein Heer	exercitibus	durch (die) Heere

Ausgänge

Kasus	Singular	Plural
Nom./Vok.	-us	-ūs
Gen.	-ūs	-uum
Dat.	-uī	-ibus
Akk.	-um	-ūs
Abl.	-ū	-ibus

Stammbildung

Wortstamm				
Wortstock	+	Stammvokal	+	Endung
exercit		u		um
Wortstock	+	Ausgang		

Die Substantive der u-Deklination sind u-Stämme; wie die Substantive der a-, o-, e-Deklination und der i-Stämme der 3. Deklination gehören sie einer vokalischen Deklination an (vgl. L I 2 b, S. 10 f.; XVI 1, S. 61; XXIV 2 a, S. 87).

b) Genusregeln

Die meisten Substantive der u-Deklination sind Maskulina;
manus, -ūs (Hand) und domus, -ūs (Haus, L XLII) sind Feminina.

2. Weitere Adverbialsätze: Kondizionalsätze

Sī tempus tibi est, narrā mihi dē pūgnīs tuīs!

Wenn/Falls du Zeit hast, erzähle mir von deinen Kämpfen!

a) Form und semantische Funktion

Die Subjunktionen sī (wenn, falls) und nisī (wenn/falls nicht) leiten Subjunktionalsätze ein; diese gehören zu den Nebensätzen (s. L V 2b, S. 27).

kondizionales Satzgefüge

Realis

Die mit sī (engl.: if) oder nisī (engl.: if not) eingeleiteten Subjunktionalsätze bezeichnen eine Bedingung gegenüber der Aussage, die im übergeordneten Satz gemacht wird; sie heißen daher Bedingungs- oder Kondizionalsätze. Ein Bedingungssatz bildet mit dem übergeordneten Satz (hier: Folgerungssatz) ein kondizionales Satzgefüge. Stehen Bedingungs- und Folgerungssatz im Indikativ, wird dadurch ausgedrückt, daß die Folgerung wirklich (= real) eintreten kann; dies gilt auch, wenn der Folgerungssatz im Imperativ steht. Ein solches kondizionales Satzgefüge heißt daher Realis.

b) Syntaktische Funktion

Satzart:	Satzgefüge					
	Nebensatz: Subjunktionalsatz				Hauptsatz	
Wortart:	Subjunktion	Substantiv	Pronomen	Hilfsverb	Verb	Präpositionalausdruck
	Sī	tempus	tibi	est,	narrā	dē pūgnīs tuīs!
Satzposition:			PN	Kopula		
	Konnektor	Subjekt	Prädikat			
	Adverbialsatz als **Adverbiale**				**Präd./Subj.**	**Präpositionalobjekt**

Ein Kondizionalsatz nimmt im Satzgefüge die Position des Adverbiales ein (vgl. Temporal-, Kausal- und Konzessivsätze, L V 2b, S. 28 und L XVIII 3a, S. 69 f.).

Lectio XXVII

Der Konjunktiv als 3. Modus des Lateinischen: Konjunktiv Imperfekt

Vespa fūcīs dīxit:
»Nisī tam ignāvī essētis, apēs vōs nōn irrīdērent.«

Die Wespe sagte zu den Drohnen:
»Wenn ihr nicht so faul wäret, würden euch die Bienen nicht verspotten.«

1. Formen und Bildungsweise

a) Aktiv

	ā-Konjugation	ē-Konjugation	konsonantische Konjugation	ĭ-Konjugation
Singular 1. Pers.	laudārem ich lobte (würde loben)	vidērem ich sähe (würde sehen)	regerem ich leitete (würde leiten)	caperem ich finge (würde fangen)
2. Pers.	laudārēs	vidērēs	regerēs	caperēs
3. Pers.	laudāret	vidēret	regeret	caperet
Plural 1. Pers.	laudārēmus	vidērēmus	regerēmus	caperēmus
2. Pers.	laudārētis	vidērētis	regerētis	caperētis
3. Pers.	laudārent	vidērent	regerent	caperent

	esse	posse	īre
Singular 1. Pers.	essem ich wäre (würde sein)	possem ich könnte (würde können)	īrem ich ginge (würde gehen)
2. Pers.	essēs	possēs	īrēs
3. Pers.	esset	posset	īret
Plural 1. Pers.	essēmus	possēmus	īrēmus
2. Pers.	essētis	possētis	īrētis
3. Pers.	essent	possent	īrent

b) *Passiv*

	ā-Konjugation	ē-Konjugation	konsonantische Konjugation	ĭ-Konjugation
Singular				
1. Pers.	laudārer ich würde gelobt (werden)	vidērer ich würde gesehen (werden)	regerer ich würde geleitet (werden)	caperer ich würde gefangen (werden)
2. Pers.	laudārēris	vidērēris	regerēris	caperēris
3. Pers.	laudārētur	vidērētur	regerētur	caperētur
Plural				
1. Pers.	laudārēmur	vidērēmur	regerēmur	caperēmur
2. Pers.	laudārēminī	vidērēminī	regerēminī	caperēminī
3. Pers.	laudārentur	vidērentur	regerentur	caperentur

Bei īre und seinen Komposita kommt in der Regel nur die Form der 3. Person Sg. vor:
īrētur es würde gegangen werden/man ginge.

c) *Bildungsweise*

vidē	re	m
Verbalstamm +	Moduskennzeichen +	Personalendung

Das Moduskennzeichen -re des Konjunktiv Imperfekt ist durch Rhotazismus (s → r) aus -se entstanden, das bei es-se-m und pos-se-m noch erhalten ist.

2. Der Konjunktiv als 3. Modus des Lateinischen

Die Prädikate im obigen Satzgefüge haben das Moduskennzeichen -se bzw. -re in ihren Personalendungen; sie stehen daher im Konjunktiv Imperfekt.

Der Konjunktiv ist neben dem Indikativ und dem Imperativ der 3. Modus (s. L V 4, S. 29), in dem ein lateinisches oder deutsches Verb stehen kann.

Im Gegensatz zum Indikativ drückt der Konjunktiv aus, daß Handlungen oder Ereignisse nicht als wirklich, sondern nur als wünschenswert, vorstellbar, möglich oder sogar als unwirklich aufzufassen sind.
Der Konjunktiv wird daher auch als »Möglichkeitsform« bezeichnet.

Weitere Funktionen des Konjunktivs werden weiter unten behandelt werden (z. B. L XXXII 1, S. 108 f.).

3. Semantische Funktion des Konjunktiv Imperfekt: der Irrealis

»Nisī tam ignāvī essētis,	»Wenn ihr nicht so faul wäret/Wäret ihr nicht so faul,
apēs vōs nōn irridērent.«	würden euch die Bienen nicht verspotten/verspotteten euch die Bienen nicht.«

a) Form des Irrealis

Stehen der Bedingungs- und Folgerungssatz eines kondizionalen Satzgefüges (s. L XXVI 2 a, S. 92) jeweils im Konjunktiv Imperfekt, so liegt der Irrealis vor.

b) Semantische Funktion des Irrealis

Der Irrealis drückt aus, daß die Folgerung nicht wirklich eintreten kann, sondern »irreal« ist.

c) Syntaktische Funktion des Kondizionalsatzes beim Irrealis

Wie beim Realis (s. L XXVI 2 b, S. 92) nimmt der Kondizionalsatz beim Irrealis die Satzposition des Adverbiales innerhalb des Satzgefüges ein.

d) Wiedergabe des Konjunktiv Imperfekt beim Irrealis

Im Lateinischen steht im Bedingungs- und Folgerungssatz jeweils derselbe Modus;
im Deutschen wird der Konjunktiv Imperfekt, falls möglich, ebenfalls mit dem Konjunktiv Imperfekt wiedergegeben; bilden die betreffenden Verben im Deutschen keinen Konjunktiv Imperfekt (auch: Konjunktiv II), so steht jeweils der Indikativ des Präteritums (Imperfekts), z. B.: »Wenn ihr nicht so wenig arbeitetet, verspotteten euch die Bienen nicht.«
Daneben kommt im Folgerungssatz (nicht im Bedingungssatz!) auch die Übersetzung mit Formen des Hilfsverbs würden + Infinitiv vor, vgl. Engl.: »If you didn't work so little, the bees wouldn't laugh at you.«

Lectio XXVIII

1. Die (langvokalische) ī-Konjugation

»Audīte mē!« — »Hört mir zu!«
»Rānae nōn iam consentiunt.« — »Die Frösche vertragen sich nicht mehr.«

a) Formen des Verbalstamms (Präsensstamms)

	Aktiv	Passiv
	Indikativ Präsens Aktiv	Indikativ Präsens Passiv
Singular		
1. Pers.	audiō ich höre	audior ich werde gehört
2. Pers.	audīs	audīris
3. Pers.	audit	audītur
Plural		
1. Pers.	audīmus	audīmur
2. Pers.	audītis	audīminī
3. Pers.	audiunt	audiuntur

	Indikativ Imperfekt Aktiv	Indikativ Imperfekt Passiv
Singular		
1. Pers.	audiēbam ich hörte	audiēbar ich wurde gehört
2. Pers.	audiēbās	audiēbāris
usw.		

	Konjunktiv Imperfekt Aktiv	Konjunktiv Imperfekt Passiv
Singular		
1. Pers.	audīrem ich hörte/würde hören	audīrer ich würde gehört werden
2. Pers.	audīrēs	audīrēris
usw.		

	Futur I Aktiv	Futur I Passiv
Singular		
1. Pers.	audiam ich werde hören	audiar ich werde gehört werden
2. Pers.	audiēs	audiēris
3. Pers.	audiet	audiētur

	Futur I Aktiv	Futur I Passiv
Plural		
1. Pers.	audiēmus	audiēmur
2. Pers.	audiētis	audiēminī
3. Pers.	audient	audientur

	Infinitiv der Gleichzeitigkeit (Infinitiv Präsens)	
	audīre (zu) hören	audīrī gehört (zu) werden

	Imperativ	
Singular	audī! höre! horch!	
Plural	audīte! hört! horcht!	

	Partizip Präsens (PPA; Partizip der Gleichzeitigkeit)	
Nom.	audiens hörend	
Gen.	audientis	

Zur Deklination des PPA vgl. L XXV 1, kurzvokalische ĭ-Konjugation.
Zur Funktion und Wiedergabe des PPA vgl. L XXV 2.

Bildungsweise

audī		mus
Verbalstamm	+	Personalendung

wir hören

Die Verben der ī-Konjugation gehören zu den Vokalstämmen.

b) Formen des Perfekts und des Partizips der Vorzeitigkeit (PPP)

Das Perfekt und PPP der Verben der ī-Konjugation gleichen den entsprechenden Bildungen und Formen der übrigen Konjugationen. Die Stammformen dieser Verben sind jeweils im Vokabelverzeichnis angegeben.

2. Der Dativ als Adverbiale: Dativ des Zwecks (dativus finalis, doppelter Dativ)

Iovī cūrae est rānās adiuvāre.	Dem Jupiter liegt es am Herzen/liegt daran, den Fröschen zu helfen.
Poēta Rōmānīs auxiliō vēnit.	Ein Dichter kam den Römern zu Hilfe.

a) Semantische Funktion

doppelter Dativ

In den Beispielsätzen stehen jeweils eine Person und eine Sache im Dativ, weshalb hier vom doppelten Dativ gesprochen werden kann.
Der Dativ, in dem die Sache steht, bezeichnet den Zweck einer Handlung; er läßt sich mit wozu? erfragen und heißt Dativ des Zwecks (»dativus finalis«).

b) Syntaktische Funktion

W:	Substantiv (Dativ)	Substantiv (Genitiv)	Substantiv (Dativ)	Hilfsverb (3. Pers. Sg.)	Substantiv (Akkusativ)	Infinitiv (Präsens)
	Patrī	deōrum	cūrae	est	rānās	adiuvāre.
		Attribut	Prädikats-nomen	Kopula	Akk.-Obj.	Subjekts-infinitiv
S:	**Dativobjekt**			**Prädikat**		**Subjekt**

Der Dativ des Zwecks kann als Prädikatsnomen bei einer Form von esse stehen; esse wird dann häufig mit dienen zu wiedergegeben.

W:	Substantiv (Nominativ)	Substantiv (Dativ)	Substantiv (Dativ)	Verb (3. Pers. Sg.)
	Poēta	Rōmānīs	auxiliō	vēnit.
S:	**Subjekt**	**Dativobjekt**	**Adverbiale**	**Prädikat**

Der Dativus finalis kann auch als Adverbiale vorkommen; er steht hier bei Vollverben: auxiliō venīre — zu Hilfe kommen
dōnō dare/mittere — als Geschenk geben/schicken.

3. Adverbialer Akkusativ: Akkusativ der Richtung

Nōn iam cibus in ventrem adveniēbat.	Das Essen kam nicht mehr im Magen an.

Verschiedenheit der Ortsauffassung

Manchmal wird der Akkusativ der Richtung (vgl. L VI 4, S. 34) mit dem Dativ wiedergegeben; diese Verschiedenheit der Ortsauffassung zeigt sich z. B. bei advenīre (ankommen) und convenīre (zusammenkommen, sich einfinden).

Lectio XXIX

1. Das adjektivische Fragepronomen

Quae vīs hīs litterīs est?	Was für eine Bedeutung haben diese Buchstaben?
Quae est vīs hārum litterārum?	Was ist die Bedeutung dieser Buchstaben?
Quem deum colitis?	Welchen Gott verehrt ihr?
Quī est ille Christus?	Wer ist jener Christus?

a) Formen

Die Formen des adjektivischen Fragepronomens quī, quae, quod: was für ein/eine/ein? (auch: welcher, welche, welches?) stimmen mit den Formen des Relativpronomens quī, quae, quod (s. L XV 2 a, S. 59) überein.

b) Syntaktische Funktionen

Das adjektivische Fragepronomen kann wie ein Adjektiv entweder als Attribut zu einem Substantiv oder als Prädikatsnomen verwendet sein. In beiden Fällen steht es in KNG-Kongruenz zu seinem Bezugswort; als Prädikatsnomen kommt es nur im Nominativ vor (außer dem Subjektsakkusativ im AcI).

Attribut

W:	Adjektivisches Fragepronomen (Akkusativ)	Substantiv (Akkusativ)	Verb (2. Pers. Pl.)
	Quem	deum	colitis?
	Attribut →		
S:		**Akk.-Objekt**	**Prädikat/Subjekt**

Was für einen/Welchen Gott verehrt ihr?

Prädikatsnomen

W:	Adjektivisches Fragepronomen (Nominativ)	Hilfsverb (3. Pers. Sg.)	Demonstrativ-pronomen (Nominativ)	Substantiv (Nominativ)
	Quī	est	ille	Christus?
S:	**Prädikatsnomen**	**Kopula**	**Attribut**	
	Prädikat			**Subjekt**

Wer	ist	jener	Christus?

Als Attribut wird das adjektivische Interrogativpronomen mit was für ein? oder welcher/welche/welches?, als Prädikatsnomen mit wer/was? (vgl. das substantivische Fragepronomen, L XIV 3, S. 57) wiedergegeben.

2. Wortbildung: Präfixe, Suffixe; Zusammenrückung

Über den Aufbau eines lateinischen Wortes Bescheid zu wissen, kann sehr hilfreich sein. Auch ohne die Hilfe eines Wörterbuches läßt sich häufig
- die Wortart
- die Bedeutung

einer Lateinvokabel erkennen. Dies gilt auch für lateinische Fremdwörter im Deutschen und für englische Vokabeln, die aus dem Lateinischen stammen.

Zu den wichtigsten »Bausteinen« eines Wortes gehören Präfixe (Vorsilben) und Suffixe (Nachsilben). Vgl. hierzu »Zur Wiederholung (2.)« und L VI 6, S. 35.

Eine weitere Möglichkeit, Wörter zu bilden, ist die Zusammenrückung bzw. Zusammensetzung ursprünglich selbständiger Wörter, z. B. »Donaudampfschiffahrtsgesellschaftskapitän.«

a) Wortbildung mit Präfix

Form					
Bestimmungswort:	Partikel (hier: Präposition)	+	Grundwort (hier: Hilfsverb)		
	ad	+	esse	=	adesse
Bedeutung	zu, an, bei	+	sein	=	da sein, helfen

Wenn dir esse bekannt ist, kannst du ad als Präfix des Verbs adesse identifizieren. Falls dir die Bedeutung von ad geläufig ist, kannst du die deutsche Wiedergabe von adesse selbst erschließen.

Grundbedeutung und übertragene Bedeutung

Oft entwickelt sich aus der wörtlichen Bedeutung (Grundbedeutung) eines Wortes eine übertragene Bedeutung: So entsteht z. B. aus der Grundbedeutung von adesse: da sein, anwesend sein die übertragene Bedeutung: helfen, beistehen; »für jemanden da sein« kann ja heißen: »jemandem helfen«.

Die wichtigsten Präfixbildungen

Präfixe sind Partikeln, die aus Präpositionen (z. B. ad, ab) oder sonstigen Partikeln (z. B. dis, re) entstanden sind. Sie geben eine nähere und speziellere Bedeutung des Grundwortes (nomen/verbum simplex) an und bilden zusammen mit diesem ein Kompositum (zusammengesetztes Wort). Komposita gibt es bei Substantiven, Adjektiven, Adverbien und besonders bei Verben.

Präfix	Bedeutung	Kompositum	Bedeutung	deutsche FW	englische FW
ā, ab, abs	von (… weg)	abesse	abwesend sein	Absentenliste	absent
ad	zu, an, bei	addere	hinzufügen	addieren	to add
dē	von … herab	dēpōnere	ablegen	Deponie	deposit
ē, ex	aus, heraus	exīre	herausgehen	Exitus	exit
in	a) in, hinein	invādere	eindringen	Invasion	invasion
	b) un-	innocēns	unschuldig	Innozenz (Vorname)	innocent
inter	zwischen, unter	interesse	teilnehmen	Interesse	interesting
ob	gegen	offendere	beleidigen, verletzen	offensiv	offensive
per	a) durch	perficere	vollenden	perfekt	perfect
	b) sehr	permultī	sehr viele	–	–
prae	vor	praepōnere	voranstellen	Präposition	preposition
praeter	an … vorbei	praeterīre	vorbeigehen	Präteritum	preterite
prō	vor, für	prōicere	vorwerfen	Projekt	project
re	wieder, zurück	recipere	aufnehmen	Rezeption	receive
trans	über …	trādere	überliefern	Tradition	tradition

Oft verändern die Präfixe ihre Form wegen der Assimilation (L XI 2, S. 47) mit dem ersten Laut (Buchstaben) des Grundworts; (vgl. offendere aus: obfendere) oder wegen einer Abschwächung von Lauten, vgl. trādere aus: transdere.

b) Wortbildung per Suffix

Kennst du die Form und Bedeutung von Suffixen (Nachsilben), dann kannst du nicht nur die Bedeutung eines Wortes näher bestimmen, sondern auch dessen Wortart.

Form:	iūst (-us, -a, -um)	+	-itia	=	iūstitia,- ae
Form:	gerecht + -ig	+	-keit	=	Gerechtigkeit
Wortart:	Adjektiv	+	Suffix eines Substantivs	=	Substantiv
Bedeutung:	gerecht	+	Eigenschaft	=	gerechtes Verhalten, »Gerechtigkeit«

Suffixe von Substantiven

Suffix	Bedeutung	Beispiel	Bedeutung	deutsche FW	englische FW
-ia, -ae -itia, -ae -tās, -ātis -tūs, -tūtis -tūdō, -inis Feminina	Eigenschaft (deutsch: -heit, -keit)	concordia iūstitia lībertās virtūs multitūdō	Eintracht Gerechtigkeit Freiheit Tapferkeit Menge	 Justiz Liberalität Virtuosität	 justice liberty virtue multitude
-tor, -ōris -trīx, -īcis Maskulina/ Feminina	Person, die etwas tut (-er (in))	imperātor victrīx	Feldherr, Kaiser Siegerin		emperor
-mentum, -i Neutra	Mittel	monumen- tum	Denkmal	Monument	monument

Suffixe von Substantiven und Adjektiven

-ānus, -i -ānus, -a, -um	Zugehörig- keit	Christiānus Christiānus, -a, -um	Christ christlich	Christ christlich	Christian Christian

Suffixe von Adjektiven

-eus, -a, -um	Material	argenteus, -a, -um	silbern	Argentinien	Argentine
-ōsus, -a, -um	Fülle	perīculōsus, -a, -um	gefährlich		perilous

Suffixe von Verben

-(i)tāre	Wieder-holung, Verstärkung	iactāre	hin und her-schleudern		to eject
		saltāre	springen	Salto	

c) Zusammenrückung von selbständigen Wörtern

quōmodo	wie? auf welche Weise?	aus: quō modō?	
iūdex, -icis	Richter	aus: iūs + dex	Recht + Sprecher

d) Wortfamilie

Die Kenntnis von Suffixen, Präfixen und der Wortzusammenrückung ermöglicht es, einzelne Wörter eine Wortfamilie zuzuordnen und dadurch seine Grundbedeutung zu erschließen.

e) Nutzanwendung für moderne Sprachen

Die Kenntnis der lateinischen Wortbildung kann dir helfen, lateinische Lehn- und Fremdwörter im Englischen und Deutschen leichter zu erschließen und zu verstehen (vgl. Beispiele in den Tabellen).

Übersicht über Lektion 21–29

Syntax

Satzpositionen
- Prädikat: PPP: Vorzeitigkeit (L. XXI 1 c, S. 80; L. XXV 2 b, S. 90) – PPA: Gleichzeitigkeit (L. XXV 2 b, S. 90) – Prädikativum (PPP als Präd. L. XXI 1 a, S. 78 f.; XXII 1, S. 81; XXV 2 c, S. 90; PPA als Präd. L. XXV 2 a, c, S. 89 f.) – Ind. Präs. Pass. (L. XXII 2 b, S. 83) – Prädikatsnomen (Abl. d. Beschaffenheit L. XXIV 1 a, S. 86; Dativ d. Zwecks L. XXVIII 2 b, S. 98 – adjekt. Fragepron. L. XXIX 1 b, S. 100) – Modus: Konjunktiv (L. XXVII 2, S. 94) – Irrealis (L. XXVII 3, S. 95)
- Adverbiale: PC (L. XXI 1 b, S. 79) – Abl. d. Grundes (L. XXIII 2 a, S. 85) – d. Ortes (L. XXIII 2 b, S. 85) – d. Maßes (L. XXIV 1 b, S. 86 f.) – Dativ d. Zwecks (L. XXVIII 2 b, S. 98) – Akk. d. Richtung (L. XXVIII 3, S. 98) – adverb. Nebensätze: Kondizionalsätze (L. XXVI 2, S. 92)
- Attribut: PC (PPP L. XXI 1 a, S. 78; PPA L. XXV 2 a, S. 89) – Abl. d. Beschaffenheit (L. XXIV 1 a, S. 86) – adjekt. Fragepron. (L. XXIX 1 b, S. 99)

Wortbildung (L. XXIX 2, S. 100–103)

Formenlehre

Konjugationen
- a- u. e-Konjug.: Ind. u. Inf. Präs. Pass. (L. XXII 2 a, S. 82) – PPA (L. XXV 1, S. 88 f.) – Konj. Imperf. (L. XXVII 1, S. 93 f.)
- ĭ-Konjug.: Ind. Präs., Imperf., Futur; Imperativ, Inf. (L. XXI 2, S. 80) – Konj. Imperf. (L. XXVII 1, S. 93 f.) – Ind. u. Inf. Präs. Pass. (L. XXII 2 a, S. 82) – PPA (L. XXV 1, S. 88)
- ī-Konjugation: Formen d. Verbalstamms (L. XXVIII 1 a, S. 96 f.) – Formen d. Perfektstamms (L. XXVIII 1 b, S. 97) – PPP (L. XXVIII 1 b, S. 97)
- konsonantische Konjugation: Ind. u. Inf. Präs. Pass. (L. XXII 2 a, S. 82) – PPA (L. XXV 1, S. 88 f.) – Konj. Imperf. (L. XXVII 1, S. 93 f.)
- esse: Konj. Imperf. (L. XXVII 1, S. 93)
- posse: Konj. Imperf. (L. XXVII 1, S. 93)
- īre: Konj. Imperf. (L. XXVII 1, S. 93 f.)

Deklinationen
- e-Deklination: Formen (L. XXIV 2 a, S. 87) – Genus (L. XXIV 2 b, S. 87)
- u-Deklination: Formen (L. XXVI 1 a, S. 91) – Genus (L. XXV 1 b, S. 92)
- 3. Deklination, Adjektive: Konsonantenstämme: (L. XXIII 1 a, S. 84) – i-Stämme: (L. XXIII 1 b, S. 84 f.) – PPA: (L. XXV 1, S. 88 f.)

Lectio XXXI

1. Der Indikativ Plusquamperfekt

Erat inter medicōs Alexandrī Philippus, quī rēgī fidem semper servāverat.	Unter den Ärzten Alexanders befand sich Philippus, der dem König stets die Treue gehalten hatte.
Numquam mīlitēs victī sunt, quod rēgī libenter pāruerant.	Die Soldaten wurden nie besiegt, weil sie ihrem König gerne gehorcht hatten.
Alexander exercitum contrā Persās Hellēspontum trādūxit; iam Ephesus līberāta erat.	Alexander führte sein Heer gegen die Perser über den Hellespont; Ephesus war bereits befreit worden.

a) Formen

Aktiv

1. Pers. Sg.	scrīpseram	ich hatte geschrieben
2. Pers. Sg.	scrīpserās	du hattest geschrieben
3. Pers. Sg.	scrīpserat	er/sie/es hatte geschrieben
1. Pers. Pl.	scrīpserāmus	wir hatten geschrieben
2. Pers. Pl.	scrīpserātis	ihr hattet geschrieben
3. Pers. Pl.	scrīpserant	sie hatten geschrieben

Bildungsweise:

Perfektstamm	+	Tempuszeichen era + Personalendung
		Endung des Indikativ Plusquamperfekt Aktiv

Beachte, daß es im Deutschen zwei Plusquamperfektformen gibt:
Die meisten Verben bilden die Form hatte (usw.) + Partizip II (vgl.: ich hatte geschrieben), andere Verben bilden die Form war (usw.) + Partizip II (vgl.: ich war gekommen).

Passiv

1. Pers. Sg.	līberātus, -a, -um eram	ich war befreit worden
2. Pers. Sg.	līberātus, -a, -um erās	du warst befreit worden
3. Pers. Sg.	līberātus, -a, -um erat	er/sie/es war befreit worden
1. Pers. Pl.	līberātī, -ae, -a erāmus	wir waren befreit worden
2. Pers. Pl.	līberātī, -ae, -a erātis	ihr wart befreit worden
3. Pers. Pl.	līberātī, -ae, -a erant	sie waren befreit worden

Bildungsweise:

Partizip II (= PPP)	+	Indikativ Imperfekt von esse

b) Sematische Funktion: Vorzeitigkeit

Tempus:	Plusquamperfekt	Perfekt/Imperfekt
Zeitstufe:	Vorgeschichte der erzählten Zeit	erzählte Zeit
Zeitstrahl:	*	* →
		Erat inter medicōs Alexandrī Philippus,
	quī rēgī fidem semper servāverat.	
Zeitverhältnis:	* ← *Vorzeitigkeit*	*

Das Plusquamperfekt bezeichnet die Vorgeschichte zu Handlungen oder Ereignissen, die sich in der Vergangenheit abgespielt haben. Seine Wiedergabe erfolgt in der Regel durch das deutsche Plusquamperfekt. Durch dieses Tempus wird ausgedrückt, daß die Vorgeschichte im Zeitverhältnis der Vorzeitigkeit zur erzählten Handlung steht.

Du kennst die Vorzeitigkeit bereits vom Tempusgebrauch bei der Wiedergabe des Participium coniunctum in L XXI 1 c, S. 80:

Alexander epistulam ā Parmeniōne missam manū tenuit.	Alexander hielt den Brief, der von Parmenio geschickt worden war, in der Hand.

c) *Syntaktische Funktion*

Sätze, deren Prädikate im Plusquamperfekt stehen, sind in der Regel nicht unabhängig, sondern beziehen sich auf Sätze, deren Prädikate im Perfekt oder Imperfekt stehen.
Das Plusquamperfekt kommt daher vor allem in zwei Arten von Nebensätzen vor, nämlich in
- Relativsätzen (Attributsatz in Beispielsatz 1) und
- Subjunktionalsätzen (Adverbialsatz in Beispielsatz 2),
- oder manchmal in Hauptsätzen (Beispielsatz 3), die in einem engen Kontext zu einem anderen Hauptsatz stehen.

2. Die Demonstrativpronomina ipse, ipsa, ipsum (selbst) und iste, ista, istud (dieser/diese/dieses)

»Quandō rēx ipse nōs ab istō Dārīō dēfendet?«	»Wann wird uns der König selbst vor diesem Darius da verteidigen?«

a) *Formen*

Iste, ista, istud wird wie ille, illa, illud (s. L XVIII 2 a, S. 67) dekliniert.

Ipse, ipsa, ipsum wird – mit Ausnahme von Nominativ/Akkusativ Singular Neutrum – ebenfalls wie ille dekliniert.

b) *Semantische Funktionen*

Iste bezeichnet Personen oder Sachen, die ihrem Betrachter gegenüberstehen und die von diesem gelegentlich als negativ (s. ab istō Dārīō: von diesem Darius da) empfunden werden.

Ipse hebt Personen oder Sachen besonders hervor.

Lectio XXXII

1. Der Konjunktiv Plusquamperfekt

Herculēs, sī Voluptātī pāruisset, numquam glōriam aeternam accēpisset.	Wenn Herkules der Lust gefolgt wäre, hätte er niemals ewigen Ruhm erlangt.
Nisī Alexander hostēs vīcisset, Ephesus līberāta nōn esset.	Hätte A. die Feinde nicht besiegt, wäre Ephesus nicht befreit worden.

a) Formen und Bildungsweise

Aktiv

1. Pers. Sg.	pāruissem	ich hätte gehorcht
2. Pers. Sg.	pāruissēs	du hättest gehorcht
3. Pers. Sg.	pāruisset	er/sie/es hätte gehorcht
1. Pers. Pl.	pāruissēmus	wir hätten gehorcht
2. Pers. Pl.	pāruissētis	ihr hättet gehorcht
3. Pers. Pl.	pāruissent	sie hätten gehorcht

Bildungsweise:

Perfektstamm	+	Moduszeichen isse + Personalendung

Zur Entstehung: Das i am Anfang des Moduskennzeichens beruht auf einer Vokalabschwächung bei der ursprünglichen Form –esse–; vgl. den Konjunktiv Imperfekt von esse: essem, essēs usw. (s. L XXVII 1 a, S. 93).
Auch beim Konjunktiv Plusquamperfekt Aktiv gibt es im Deutschen zwei Formen: hätte (usw.) oder wäre (usw.) + Partizip II (je nach Art des Verbs).

Passiv

1. Pers. Sg.	līberātus, -a, -um essem	ich wäre befreit worden
2. Pers. Sg.	līberātus, -a, -um essēs	du wärest befreit worden
3. Pers. Sg.	līberātus, -a, -um esset	er/sie/es wäre befreit worden

1. Pers. Pl.	līberātī, -ae, -a essēmus	wir wären befreit worden
2. Pers. Pl.	līberātī, -ae, -a essētis	ihr wäret befreit worden
3. Pers. Pl.	līberātī, -ae, -a essent	sie wären befreit worden

Bildungsweise:

Partizip II (= PPP)	+	Konjunktiv Imperfekt von esse

b) Semantische Funktion des Konjunktiv Plusquamperfekt: Irrealis der Vergangenheit

Irrealis der Gegenwart:

»Sī Voluptātī pārērēs, tē in perniciem dūceret.« »Wenn du der Lust gehorchtest, führte sie dich ins Verderben.«

Er steht in den Formen des Konjunktiv Imperfekt (s. L XXVII 3, S. 95).

Irrealis der Vergangenheit:

»Sī Voluptātī pāruissēs, tē in perniciem dūxisset.« »Wenn du der Lust gehorcht hättest, hätte sie dich ins Verderben geführt.«

Der Irrealis der Vergangenheit steht in den Formen des Konjunktiv Plusquamperfekt. Er bildet wie Realis und Irrealis der Gegenwart ein kondizionales Satzgefüge. In ihm wird zum Ausdruck gebracht, daß Bedingung und Folgerung einer Aussage nicht wirklich, also »irreal« waren. Bei der Wiedergabe steht auch im Deutschen der Konjunktiv Plusquamperfekt.

2. Das Verbum ferre (bringen, tragen) und seine Komposita

Aktiv

a) Infinite Formen des Verbal- und Perfektstammes

Infinitiv I (Infinitiv Präsens / Infinitiv der Gleichzeitigkeit)	
ferre	(zu) tragen, bringen
Infinitiv II (Infinitiv Perfekt / Infinitiv der Vorzeitigkeit)	
tulisse	getragen / gebracht (zu) haben
Partizip I (Partizip Präsens / Partizip der Gleichzeitigkeit)	
ferēns, -entis (usw.)	tragend, bringend

b) Finite Formen des Verbal- und Perfektstammes

	Indikativ Präsens		Futur	
1. Pers. Sg.	ferō	ich trage	feram	ich werde tragen
2. Pers. Sg.	fers		ferēs	
3. Pers. Sg.	fert		feret	
1. Pers. Pl.	ferimus		ferēmus	
2. Pers. Pl.	fertis		ferētis	
3. Pers. Pl.	ferunt		ferent	
	Indikativ Imperfekt		Konjunktiv Imperfekt	
1. Pers. Sg.	ferēbam	ich trug	ferrem	ich würde tragen
2. Pers. Sg.	ferēbās		ferrēs	
3. Pers. Sg.	ferēbat		ferret	
1. Pers. Pl.	ferēbāmus		ferrēmus	
2. Pers. Pl.	ferēbātis		ferrētis	
3. Pers. Pl.	ferēbant		ferrent	
	Imperativ			
2. Pers. Sg.	fer!	trage!		
2. Pers. Pl.	ferte!	tragt!		

	Indikativ Perfekt		Indikativ Plusquamperfekt	
1. Pers. Sg.	tulī usw.	ich brachte/ habe gebracht	tuleram usw.	ich hatte gebracht
	Konjunktiv Plusquamperfekt			
1. Pers. Sg.	tulissem usw.	ich hätte gebracht		

c) Komposita von ferre

afferre, afferō, attulī	herbeitragen, herbeibringen
offerre, offerō, obtulī	anbieten

Der letzte Konsonant der Vorsilbe wird dem ersten Konsonanten des verbum simplex angeglichen bzw. mit ihm assimiliert (s. L XI 2).

Lectio XXXIII

1. Die Indefinitpronomina nēmō, nihil, nūllus, ūllus

Nēmō (niemand) und nihil (nichts) werden in der Regel substantivisch, ūllus, -a, -um (irgendein) und nūllus, -a, -um (kein; entstanden aus ne-ūllus) adjektivisch verwendet.

	substantivischer Gebrauch		adjektivischer Gebrauch		
	Mask./Fem.	Neutr.	Maskulinum	Femininum	Neutrum
Nom.	nēmō niemand	nihil nichts	nūllus kein	nūlla keine	nūllum kein
Gen.	nūllīus	nūllīus reī		nūllīus	
Dat.	nēminī	nūllī reī		nūllī	
Akk.	nēminem	nihil	nūllum	nūllam	nūllum
Abl.	(ā) nūllō	nūllā rē	nūllō	nūllā	nūllō

ūllus, -a, -um (irgendein/irgendeine/irgendein) wird wie nūllus, -a, -um dekliniert.

2. Konjunktivische adverbiale Nebensätze: cum-Sätze

Dāmoclēs, cum ā servīs multīs rēbus dēlectārētur, putābat nēminem tam beātum esse quam sē ipsum.

Als/da (weil) die Sklaven Damokles in vieler Hinsicht eine Freude bereiteten, glaubte er, niemand sei so glücklich wie er selbst.

Dāmoclēs, cum vītam Dionȳsiī cognōvisset, abīre cupīvit.

Als/da (weil) Damokles die Lebensweise des Dionysius kennengelernt hatte, wollte er weggehen.

a) Form

In Nebensätzen, die mit der Subjunktion cum eingeleitet sind, kann das Prädikat nicht nur im Indikativ (s. L XVIII 3, S. 69), sondern auch im Konjunktiv stehen (hier: dēlectārētur, cognōvisset).

b) Wiedergabe (semantische Funktionen) von cum beim Konjunktiv

Im konjunktivischen Subjunktionalsatz kann cum die folgenden Bedeutungen haben:

als, nachdem:	Temporale Funktion (cum narrativum/historicum) (unterscheide: cum temporale = dann wenn, immer wenn, s. L XVIII 3b)
da, weil:	Kausale Funktion (cum causale)

Welche semantische Funktion bei der Übersetzung ins Deutsche zu beachten ist, hängt vom Satzzusammenhang ab; manchmal können auch beide Bedeutungen zutreffen (s. Beispielsätze).

Auf jeden Fall aber wird hier der lateinische Konjunktiv mit dem deutschen Indikativ wiedergegeben.

c) Syntaktische Funktion

Konjunktivische cum-Sätze, welche die oben genannten semantischen Funktionen haben, nehmen im Satz die Position des Adverbiales ein; sie sind daher ebenso wie die indikativischen cum-Sätze Adverbialsätze.

d) Zeitverhältnis zum übergeordneten Satz

In den Beispielsätzen bezeichnet der Konjunktiv Imperfekt (hier: dēlectārētur) die Gleichzeitigkeit, der Konjunktiv Plusquamperfekt (hier: cognōvisset) die Vorzeitigkeit der Handlung des Adverbialsatzes gegenüber der Handlung des Hauptsatzes, wenn diese in einem Vergangenheitstempus (hier: Imperfekt: putābat bzw. Perfekt: cupīvit) steht.

e) Übersicht: cum

	beim Indikativ:	immer, wenn; jedesmal, wenn; dann, wenn; wenn
cum	beim Konjunktiv:	als; nachdem; da; weil
	beim Ablativ:	(egal, ob das Prädikat im Indikativ oder Konjunktiv steht): mit

Lectio XXXIV

1. Das Verbum ferre und seine Komposita (s. L XXXII 2, S. 109 f.)

Passiv

a) Infinite Formen des Verbal- und Partizip-II-Stammes

Infinitiv I (Infinitiv Präsens / Infinitiv der Gleichzeitigkeit)	
ferrī	getragen / gebracht (zu) werden; stürzen, eilen
Infinitiv II (Infinitiv Perfekt / Infinitiv der Vorzeitigkeit)	
lātum, -am, -um esse	getragen / gebracht worden (zu) sein
Partizip II (Partizip Perfekt Passiv / Partizip der Vorzeitigkeit)	
lātus, -a, -um	getragen, gebracht

b) Finite Formen des Verbal- und Partizip-II-Stammes

	Indikativ Präsens		Futur	
1. Pers. Sg.	feror	ich werde getragen	ferar	ich werde getragen werden
2. Pers. Sg.	ferris		ferēris	
3. Pers. Sg.	fertur		ferētur	
1. Pers. Pl.	ferimur		ferēmur	
2. Pers. Pl.	feriminī		ferēminī	
3. Pers. Pl.	feruntur		ferentur	
	Indikativ Imperfekt		Konjunktiv Imperfekt	
1. Pers. Sg.	ferēbar	ich wurde getragen	ferrer	ich würde getragen werden
2. Pers. Sg.	ferēbāris		ferrēris	
3. Pers. Sg.	ferēbātur		ferrētur	
1. Pers. Pl.	ferēbāmur		ferrēmur	
2. Pers. Pl.	ferēbāminī		ferrēminī	
3. Pers. Pl.	ferēbantur		ferrentur	

	Indikativ Perfekt	
1. Pers. Sg.	lātus, -a, -um sum usw.	ich bin getragen worden/wurde getragen
	Indikativ Plusquamperfekt	
1. Pers. Sg.	lātus, -a, -um eram usw.	ich war getragen worden
	Konjunktiv Plusquamperfekt	
1. Pers. Sg.	lātus, -a, -um essem usw.	ich wäre getragen worden

c) Weitere Komposita von ferre (s. L XXII 2c)

efferre, efferō, extulī, ēlātum	hinaustragen, hervorheben
inferre, inferō, intulī, illātum	hineintragen, zufügen
referre, referō, rettulī, relātum	zurücktragen, berichten

Auch bei diesen Komposita erfolgt eine Assimilation.

2. Doppelter Akkusativ und Nominativ

Doppelter Akkusativ

Rōmānī Cīcerōnem praetōrem fēcērunt.	The Romans made Cicero a praetor.	Die Römer machten Cicero zum Prätor.

Doppelter Nominativ

Cīcerō ā Rōmānīs praetor factus est.	Cicero was made a praetor by the Romans.	Cicero wurde von den Römern zum Prätor gemacht.

a) Form

Bei den folgenden Verben kommt der doppelte Akkusativ (bzw. Nominativ) vor:

Aktiv: Doppelter Akkusativ		Passiv: Doppelter Nominativ	
creāre	wählen zu	creārī	gewählt werden zu
facere	machen zu	factum, -am, -um esse	gemacht worden sein zu
putāre	halten für	putārī	gehalten werden für, angesehen werden als, gelten als
exīstimāre	halten für	exīstimārī	gehalten werden für, angesehen werden als, gelten als
iūdicāre	halten für	iūdicārī	gehalten werden für, angesehen werden als, gelten als
dūcere	halten für	dūcī	gehalten werden für, angesehen werden als, gelten als
habēre	haben als	habērī	gehalten werden für, angesehen werden als, gelten als
sē praestāre	sich erweisen (zeigen) als		

b) Syntaktische und semantische Funktion

Aktiv

W:	Substantiv (Nom. Pl. M.)	Substantiv (Akk. Sg. M.)	Substantiv (Akk. Sg. M.)	Kopulatives Verb (3. Pers. Pl. Ind. Pf. Akt.)
	Rōmānī	Cicerōnem	praetōrem	fēcērunt.
			Prädikatsnomen (im Akk.)	**Kopula**
S:	**Subjekt**	**Akk.-Objekt**	**Prädikat**	

Die oben aufgeführten Verben können Spezialbedeutungen haben: putāre (meinen, glauben) kann auch heißen: halten ... für. Diese besondere Bedeutung hat putāre, wenn es im Text als sogenanntes kopulatives Verb verwendet ist.
Steht daher zusätzlich zum Akkusativobjekt bei putare und den anderen oben aufgeführten Verben ein Prädikatsnomen im Akkusativ, dann ist in der Regel die Nebenbedeutung zu wählen.
Wir sprechen dann vom »doppelten Akkusativ«.

Passiv

W:	Substantiv (Nom. Sg. M.)	Substantiv (Nom. Sg. M.)	Kopulatives Verb (3. Pers. Sg. Ind. Perf. Pass.)
	Cicerō	praetor	factus est.
		Prädikatsnomen (im Nom.)	**Kopula**
S:	**Subjekt**	**Prädikat**	

Beim Passiv ist die syntaktische und semantische Funktion der kopulativen Verben noch deutlicher sichtbar als beim Aktiv: Genauso wie beim Hilfsverb esse steht hier ein Prädikatsnomen in KNG-Kongruenz zum Nominativ des Subjekts. Man spricht dann vom »doppelten Nominativ«.

3. Das Prädikativum (Prädikatsattribut)

Cicerō flēns patriam relīquit; rīdēns rediit. Vgl.: Cicero left home crying; smiling he came back.	Weinend verließ Cicero die Heimatstadt; lachend kehrte er zurück.
Cicerō trīstis patriam relīquit, laetus rediit. Vgl.: Cicero left home sad, happy he came back.	Cicero verließ die Heimatstadt traurig, fröhlich kehrte er zurück.
Cicerō puer Arpīnī, adulēscēns Rōmae vītam ēgit.	Als Kind/In seiner Kindheit lebte Cicero in Arpinum, als junger Mann/in seiner Jugend in Rom.
Cicerō prīmus Hortēnsium superāvit.	Cicero übertraf Hortensius als Erster/zuerst.
Cicerō prīmum Hortēnsium superāvit.	Cicero übertraf Hortensius als Ersten/zuerst.

a) Form

An der Satzposition des Prädikativums können die folgenden Wortarten stehen: Partizipien (Beispielsatz 1; siehe auch L XXI 1 a, S. 78 f.), Adjektive (Beispielsatz 2), Substantive (Beispielsatz 3) und Numeralia (Zahlwörter, Beispielsatz 4 und 5). In den Beispielsätzen 1–4 steht das Prädikativum in KNG-Kongruenz zum Subjekt, in Numerus-Kongruenz zum Prädikat; in Beispielsatz 5 steht es in KNG-Kongruenz zum Objekt.

b) Semantische Funktion und Wiedergabe im Deutschen

Das Prädikativum macht (anders als das Attribut eines Subjekts, Objekts oder Adverbiales) nicht nur Aussagen über sein Bezugswort, sondern auch – und vor allem – über das Prädikat eines Satzes; daher heißt es auch Prädikatsattribut. In dieser Funktion ist es einem Prädikatsnomen ähnlich.

Daß die oben gekennzeichneten Wortarten im Satz nicht als Attribute, sondern als Prädikativa verwendet sind, zeigt nicht deren Form, sondern allein der textliche und historische Zusammenhang: Nicht der erste Cicero übertraf Hortensius, sondern Cicero übertraf diesen als erster – ganz einfach, weil es nur einen Redner und Anwalt namens Cicero gab.

Darüber hinaus werden häufig solche Adjektive als Prädikativa verwendet, die einen Gemütszustand ausdrücken, z. B. laetus, -a, -um (fröhlich) oder trīstis, -e (traurig).

Im Deutschen und Englischen werden Partizipien und Adjektive bei prädikativer Verwendung endungslos wiedergegeben (zu anderen Übersetzungsmöglichkeiten der Partizipien siehe L XXI 1 b, S. 79): Vgl. Beispielsatz 1 und 2.

Vor Substantiven und Zahlwörtern kann hier das Wort als gesetzt werden: Vgl. Beispielsatz 3–5. Diese beiden Wortarten können bei prädikativer Verwendung auch adverbial übersetzt werden: Vgl. ebenfalls Beispielsatz 3–5.

c) *Syntaktische Funktion*

W:	Substantiv (Nom. Sg. M.)	Substantiv (Nom. Sg. M.)	Verb	Substantiv (Gen. Sg. M.)
	Cicerō	puer	vītam ēgit	Arpīnī.
S:	**Subjekt**	**Prädikativum**	**Prädikat**	**Adverbiale**

Das Prädikativum ist ein zusätzlicher Satzgliedteil des Prädikats. (Vgl. zur Form des Prädikativums 3 a).
Wird das lateinische Prädikativum z. B. durch einen Adverbialsatz (»Als Cicero noch ein Kind war«) oder durch einen adverbialen Präpositionalausdruck (»in seiner Kindheit«) wiedergegeben, dann wird es im Deutschen als Adverbiale aufgefaßt.
Das Prädikativum ist daher eine satzwertige Konstruktion (vgl. L XXI 1 b, S. 79).

Lectio XXXV

1. Pronominaladjektive

alter, altera, alterum	der eine / der andere (von zweien), der zweite
uter, utra, utrum?	wer (von beiden)?
neuter, neutra, neutrum	keiner (von beiden)
uterque, utraque, utrumque	jeder (von beiden), beide
sōlus, -a, -um	allein
tōtus, -a, -um	ganz
ūnus, -a, -um	ein (einziger)

Die oben stehenden Pronominaladjektive werden wie die Adjektive der a- und o-Deklination dekliniert, mit Ausnahme von Genitiv und Dativ Singular; diese Kasus enden – ebenso wie bei den Pronomina – auf -īus bzw. -ī (vgl. z. B. L XXXIII 1, S. 111).

2. Der Ablativus absolutus: Nomen und Partizip

Caesare occīsō Augustus dictātūram nōn recēpit.	Nachdem Cäsar getötet worden war,/ Nach der Ermordung Cäsars/ Cäsar war ermordet worden, doch danach nahm Augustus die Diktatur nicht an.
Senātū sibi dictātūram dēferente Augustus eam nōn recēpit.	Obwohl ihm der Senat die Diktatur anbot,/ Trotz des Angebotes des Senats, die Diktatur zu übernehmen,/ Der Senat bot ihm zwar die Diktatur an, aber dennoch/trotzdem nahm Augustus sie nicht an.

a) Form

Caesare occīsō und senātū … dēferente: Ein Nomen und ein Partizip (hier: Partizip der Vorzeitigkeit bzw. der Gleichzeitigkeit) stehen jeweils im Ablativ.

b) Syntaktische Funktion und Formen der Wiedergabe

W:	Substantiv (Abl. Sg. M.)	Partizip II (Abl. Sg. M.)	Substantiv	Substantiv	Negation	Verb (3. Pers. Sg.)
	Abl. Abs.					
	Caesare	occīsō	Augustus	dictātūram	nōn	recēpit.
	Subjektsablativ	Prädikatsablativ (eines Prädikativums)				
	satzwertige Konstruktion					
S:	**Adverbiale**		**Subjekt**	**Objekt**		**Prädikat**

Der Ablativus absolutus besteht aus einem Nomen, das im Ablativ an der Satzposition des Adverbiales steht, und einem Prädikativum, das sich auf dieses Nomen in KNG-Kongruenz bezieht.
Ebenso wie das Participium coniunctum oder auch der AcI ist der Abl. abs. eine satzwertige Konstruktion, wie sein Aufbau und die Möglichkeiten seiner Wiedergabe zeigen.

Als Füllungsart der Satzposition des Adverbiales entspricht der Abl. abs.-Konstruktion

- ein Adverbialsatz,
- ein adverbialer Präpositionalausdruck oder
- ein beigeordneter Satz, auf den der übergeordnete Satz folgt (vgl. die Formen der Wiedergabe des Participium coniunctum, L XXI 1 b, S. 79). Der übergeordnete Satz ist häufig durch einen Konnektor – z. B. die Konjunktionen und/aber – eingeleitet.

Da diese lateinische Konstruktion im Deutschen in dieser Form nicht vorkommt, kann sie nicht wörtlich, sondern nur durch die drei angegebenen anderen adverbialen Füllungsarten wiedergegeben werden (siehe Beispielsätze).

c) Semantische Funktion

Je nach der Art der semantischen Funktion des Ablativs (s. L VIII 1 b, S. 40) kann der Ablativus absolutus durch die temporale, kausale oder konzessive Sinnrichtung (vgl. die Übersicht in L XXV 2 c, S. 90) wiedergegeben werden.

d) Zeitverhältnis

Entsprechend der Art des Partizips steht der Ablativus absolutus im Zeitverhältnis der Vor- oder Gleichzeitigkeit zum Prädikat des übergeordneten Satzes.
Im 1. Beispielsatz, in dem das Partizip II (occīsō) vorkommt, besteht demnach Vorzeitigkeit (s. L XXI 1 c, S. 80 zum Participium coniunctum und L XXXI 1 b, S. 106), im 2. Beispielsatz, in dem das Partizip I (dēferente) vorkommt, Gleichzeitigkeit.
Achte darauf, das richtige Tempus zu wählen, wenn du den Abl. abs. mit einem Adverbialsatz oder beigeordneten Satz wiedergibst (vgl. L XXV 2 b/c, S. 90).

e) Parallele zum Englischen

Natürlich hat die englische Sprache keinen Ablativ, wohl aber eine Konstruktion, die dem Ablativus absolutus in vieler Hinsicht entspricht:

Hīs rēbus gestīs Caesar in Itāliam rediit.	That done, Caesar went back to Italy.
	Nachdem er dies ausgeführt hatte, kehrte Caesar nach Italien zurück.

Lectio XXXVI

1. Der Ablativus absolutus: Nomen und Nomen (verkürzter Abl. abs.)

Cōnstantīnō dūce mīlitēs Maxentium vīcerunt.	Unter der Führung Konstantins besiegten die Soldaten Maxentius.
Ipsō absente bellum per dūcēs idōneōs gerebātur.	Während er selbst abwesend war,/ Während seiner Abwesenheit führten geeignete Feldherren den Krieg.

a) Form

Der Ablativus absolutus kann auch nominal aufgebaut sein:
So steht im 1. Beispielsatz ein zweites Substantiv neben einem ersten Substantiv, im 2. Beispielsatz ein Adjektiv bei einem Pronomen.

b) Wiedergabe

Die nominalen Wendungen des Lateinischen lassen sich im Deutschen oft mit einem Präpositionalausdruck wiedergeben:

Cōnstantīnō auctōre	auf Veranlassung Konstantins
Cōnstantīnō dūce	unter der Führung Konstantins
Cōnstantīnō imperātōre	unter der Herrschaft Konstantins
Tarquiniō rēge	unter König Tarquinius
Dioclētiānō absente	in Abwesenheit Diokletians
Dioclētiānō insciō/insciente	ohne Wissen Diokletians
Dioclētiānō invītō	gegen den Willen Diokletians
Dioclētiānō mortuō	nach dem Tod Diokletians
Dioclētiānō vīvō	zu Lebzeiten Diokletians

Natürlich kann auch ein verkürzter Ablativus absolutus mit Adverbialsatz oder beigeordnetem Satz wiedergegeben werden: siehe Beispielsatz 2.

2. Das Demonstrativpronomen īdem, eadem, idem (derselbe, dieselbe, dasselbe)

Eōdem diē Cōnstantīnus vōce īgnōta iussus est.

An demselben Tag erhielt Konstantin von einer unbekannten Stimme einen Auftrag.

a) Formen

	Singular			Plural		
	Mask.	Fem.	Neutr.	Mask.	Fem.	Neutr.
Nom.	īdem	eadem	idem	eīdem (iīdem, īdem)	eaedem	eadem
Gen.	eiusdem			eōrundem	eārundem	eōrundem
Dat.	eīdem			eīsdem (iīsdem, īsdem)		
Akk.	eundem	eandem	idem	eōsdem	eāsdem	eadem
Abl.	eōdem	eādem	eōdem	eīsdem (iīsdem, īsdem)		

b) Besonderheiten der Deklination

Das Pronomen īdem (entstanden aus is-dem) wird wie is, ea, id (vgl. L XIII 3 a, S. 54) dekliniert; dabei wird allerdings m vor d zu n. Im Nominativ und Dativ bzw. Ablativ Plural gibt es jeweils drei verschiedene Formen.

Lectio XXXVII

1. Der Akkusativ mit Partizip

Videō tē hanc mulierem spectantem.	Ich sehe, wie du diese Frau
Vgl.: I see you looking at this woman.	anschaust.

Unterscheide davon den AcI:

Videō tē hanc mulierem spectāre.	
Vgl.: I see you look at this woman.	Ich sehe, daß du diese Frau anschaust.

a) Syntaktische Funktion

Das Akkusativobjekt, das bei einem durch Verben der sinnlichen Wahrnehmung wie audīre (hören), vidēre (sehen) usw. ausgefüllten Prädikat steht, kann durch ein prädikatives, ebenfalls im Akkusativ stehendes Partizip ergänzt sein. Diese satzwertige Konstruktion heißt Akkusativ mit Partizip (AcP).

b) Semantische Funktion und Wiedergabe

Der AcP betont den Vorgang, der AcI (s. L XIII 1 b, S. 52) die Tatsache einer Handlung.
Daher wird der AcP meist mit einem wie-Satz, der AcI mit einem daß-Satz (oder freieren Formen der Übersetzung) wiedergegeben.
Auch im Englischen steht zur Betonung des Vorgangs das Present Participle, zur Betonung der Tatsache der Infinitiv.

2. Rhetorische Sprach- und Stilmittel: Stilfiguren (vgl. L VIII 3, S. 41)

Die folgenden Stilmittel haben Autoren, die in lateinischer Sprache schrieben, nicht nur verwendet, um ihre Texte kunstvoll zu gestalten, sondern auch zur besseren Hervorhebung ihrer Argumente.

Die folgende Übersicht zeigt dir einige Beispiele von Stilmitteln aus L XXXVI.

Alliteration (Stabreim)

Mulierem pede nōn vēlātō obviam venientem videt.

Bei der Alliteration bewirkt der gleiche Anlaut (Konsonant oder Vokal) bei aufeinanderfolgenden Wörtern eine besondere Hervorhebung.

Anapher

Laetus erat amīcus, laetus erat dominus.

Bei der Anapher werden ein Wort oder mehrere Wörter am Beginn von aufeinanderfolgenden Sätzen oder Satzeinheiten wiederholt.

Antithese

Laetus erat amīcus, trīstis erat amīca.

Bei der Antithese sind Gegensätze gegenübergestellt.

Chiasmus

Nunc haec est terra, aqua erat antīquīs temporibus.

Beim Chiasmus werden Satzglieder über Kreuz gestellt.
Zur näheren Erläuterung siehe L VIII 3, S. 41.

Litotes

Nāsō nōn invītus viam Novam init.

Die doppelte Verneinung (nōn invītus = nicht ungern) erzielt im Vergleich zur normalen Ausdrucksweise (hier: libenter = gern) je nach Kontext teils steigernde, teils abschwächende Wirkung.

Parallelismus

Nunc haec est terra, antīquis temporibus erat aqua.

Beim Parallelismus sind aufeinanderfolgende Sätze oder Satzbestandteile grammatikalisch gleich gebaut.

Lectio XXXVIII

1. Deponentien der a- und e-Konjugation

Fortūnā meā modo gaudeō, modo eam miseror.	Bald freue ich mich über mein Schicksal, bald klage ich darüber.

a) Eigenschaft der Deponentien

Ein Deponens ist ein Verb, das in der Regel passive Formen, aber aktive Bedeutung hat. Die Deponentien sind nach der Tatsache benannt, daß sie sozusagen ihr Aktiv ablegen (dēpōnere).

b) Formen

Infinite Formen

	ā-Konjugation	ē-Konjugation
Infinitiv der Gleichzeitigkeit	cūnctārī zögern	profitērī bekennen
Infinitiv der Vorzeitigkeit	cūnctātum, -am esse gezögert (zu) haben	professum, -am esse bekannt (zu) haben
Partizip I	cūnctāns, -ntis zögernd	profitēns, -ntis bekennend
Partizip II	cūnctātus, -a einer, der gezögert hat/ eine, die gezögert hat	professus, -a einer, der bekannt hat/ eine, die bekannt hat

Finite Formen

Die finiten Formen der Deponentien entsprechen den Passivformen, in denen die Verben der jeweiligen Konjugation stehen. Die Formen der Deponentien der a- und e-Konjugation findest du daher in den folgenden Lektionen:

Indikativ Präsens:	cūnctor, cūnctāris usw., s. L XXII 2 a, S. 82.
Indikativ Imperfekt:	cūnctābar usw., s. L XXII 2 a, S. 82.
Konjunktiv Imperfekt:	cūnctārer, cūnctārēris usw., s. L XXVII 1 b, S. 94.
Futur:	cūnctābor, cūnctāberis usw., s. L XXII 2 a, S. 83.
Indikativ Perfekt:	cūnctātus, -a sum usw., s. L XIX 2 c, S. 75.
Indikativ Plusquamperfekt:	cūnctātus, -a eram usw., s. L XXXI 1 a, S. 106.
Konjunktiv Plusquamperfekt:	cūnctātus, -a essem usw., s. L XXXII 1 a, S. 108.

Imperativ:	Singular		Plural	
	cūnctāre	zögere!	cūnctāminī	zögert!
	profitēre	bekenne!	profitēminī	bekennt!

2. Adverbiale: Bildung der Adverbien

a) Adverbien aus Adjektiven der a- und o-Deklination

Viele Adverbien, die aus Adjektiven der a- und o-Deklination gebildet sind, erkennst du an der Adverbendung -ē, die an den Wortstock angefügt ist (vgl. L VII 4 b, S. 38):

attentē abgeleitet von attentus, -a, -um

b) Adverbien aus Adjektiven der 3. Deklination

Sind Adverbien von Adjektiven der 3. Deklination abgeleitet, so enden sie zumeist auf -iter:

celeriter abgeleitet von celer, celeris, celere
breviter abgeleitet von brevis, -e

Bei den Adjektiven, die auf -āns, -antis und -ēns, -entis enden, ist -er an den Wortstock angefügt:

cōnstānter abgeleitet von cōnstāns, -antis
dīligenter abgeleitet von dīligens, -entis

Lectio XXXIX

1. Deponentien weiterer Konjugationen

a) Deponentien der konsonantischen Konjugation und der kurzvokalischen i-Konjugation

Infinite Formen

	konsonant. Konjugation	kurzvok. i-Konjugation
Infinitiv der Gleichzeitigkeit	ūtī benützen	patī ertragen
Infinitiv der Vorzeitigkeit	ūsum, -am esse benützt (zu) haben	passum, -am esse ertragen (zu) haben
Partizip I	ūtēns, ūtentis benützend	patiēns, patientis einer, der erträgt eine, die erträgt
Partizip II	ūsus, -a einer, der benützt hat, usw.	passus, -a einer, der ertragen hat, usw.

Finite Formen

ūtī, ūtor, ūsus, -a sum wird wie das Passiv der Verben der konsonantischen Konjugation konjugiert; patī, patior, passus, -a sum wird wie das Passiv der Verben der kurzvokalischen i-Konjugation konjugiert:

ūtī		patī
Ind. Präsens:	ūtor, ūteris usw., s. L XXII 2 a, S. 82	patior
Ind. Imperfekt:	ūtēbar usw., s. L XXII 2 a, S. 82	patiēbar
Konj. Imperfekt:	ūterer, ūterēris usw., s. L XXVII 1 b, S. 94	paterer
Futur:	ūtar, ūtēris usw., s. L XXII 2 a, S. 83	patiar
Ind. Perfekt:	ūsus, -a sum usw., s. L XIX 2 c, S. 75	passus, -a sum
Ind. Plusquamperfekt:	ūsus, -a eram usw., s. L XXXI 1 a, S. 106	passus, -a eram
Konj. Plusquamperfekt:	ūsus, -a essem usw., s. L XXXII 1 a, S. 108	passus, -a essem

Imperativ: ūtĕre (Sg.), ūtiminī (Pl.), patĕre (Sg.), patiminī (Pl.)

b) Deponentien der langvokalischen ī-Konjugation

Infinite Formen

Infinitiv der Gleichzeitigkeit	assentīrī	zustimmen
Infinitiv der Vorzeitigkeit	assēnsum, -am esse	zugestimmt (zu) haben
Partizip I	assentiēns, -ntis	zustimmend
Partizip II	assēnsus, -a	einer, der zugestimmt hat, usw.

Finite Formen

assentīrī, assentior, assēnsus, -a, -um hat die Passivformen der Verben der langvokalischen ī-Konjugation:

Indikativ Präsens:	assentior, assentīris usw., s. L XXVIII 1 a, S. 107 f.
Indikativ Imperfekt:	assentiēbar usw., s. L XXVIII 1 a, S. 107 f.
Konjunktiv Imperfekt:	assentīrer, assentīrēris usw., s. L XXVIII 1 a, S. 107 f.
Futur:	assentiar, assentiēris usw., s. L XXVIII 1 a, S. 107 f.
Indikativ Perfekt:	assēnsus, -a sum usw., s. L XIX 2 c, S. 86
Indikativ Plusquamperfekt:	assēnsus, -a eram usw., s. L XXXI 1 a, S. 106
Konjunktiv Plusquamperfekt:	assēnsus, -a essem usw., s. L XXXII 1 a, S. 108 f.

Imperativ:

Sing.:	assentīre	stimme zu!	Pl.:	assentiminī	stimmt zu!

2. Der Genitiv als Objekt

a) bei Verben

Labōrum oblīvīscī iuvat.	Es macht Spaß, die Strapazen zu vergessen.

Bei lateinischen Verben mit den Bedeutungen vergessen, sich erinnern, denken an steht das Objekt zumeist im Genitiv (vgl. im Deutschen: Wir gedenken der Toten.)

b) bei Adjektiven

Servī cupidī iocōrum sunt.	Die Sklaven möchten Späße hören.
Este memorēs amicōrum!	Denkt an die Freunde!

Beachte: Der Genitiv bei plēnus, -a, -um wird zumeist als genitivus partitivus (und somit attributivisch) aufgefaßt (s. L VI 2 b, S. 31).

c) bei adjektivisch gebrauchten Partizipien

Hic servus labōris fugiēns nōn est. — Dieser Sklave ist nicht arbeitsscheu.

Der Objektsgenitiv wird im Deutschen manchmal ebenfalls mit dem Genitiv, häufiger mit einem Präpositionalausdruck wiedergegeben.

3. Der Genitiv des Personalpronomens

Hodiē nēmō nostrum labōrat. — Heute arbeitet niemand von uns.

Genitiv	meī meiner/(an) mich	tuī deiner/(an) dich	nostrī unser/(an) uns	vestrī euer/(an) euch
Genitivus partitivus			nostrum von uns	vestrum von euch

4. Das Indefinitpronomen quīdam

a) Formen

Adjektivischer Gebrauch						
Sg.:	Mask.	Fem.	Neutr.	Pl.: Mask.	Fem.	Neutr.
Nom.	quīdam	quaedam	quoddam	quīdam	quaedam	quaedam
Gen.		cuiusdam		quōrundam	quārundam	quōrundam
		usw.		usw.		

Quīdam, quaedam, quoddam wird wie quī, quae, quod (vgl. L XV 2, S. 59) dekliniert. Wie beim Gen. Pl. steht auch im Akk. Sg. ein n vor dem Suffix dam: quendam, quandam. Beim substantivischen Gebrauch lauten der Nom. und Akk. im Neutr. Sg.: Quiddam.

b) Wiedergabe und semantische Funktionen

Gāius quīdam dīxit:	Ein gewisser Gaius hat behauptet:
In hortō quoddam cubiculum est.	Im Park ist ein (bestimmter) Raum.
Incrēdibilis quaedam abundantia	Ein geradezu unglaublicher Luxus
Quibusdam fabulae meae placent.	Manchen/Einigen gefallen meine Geschichten.

Quīdam verweist auf Personen oder Sachen, die unbestimmt bleiben sollen. Es läßt sich z. T. nur mit dem unbestimmten Artikel übersetzen, oft mit ein gewisser usw., im Plural mit einige/manche.

Übersicht über Lektion 31–39

Syntax

Satzpositionen

- Subjekt: doppelter Nominativ (L. XXXIV 2 b, S. 115)
- Prädikat: Irrealis d. Vergang. (L. XXXII 1b, S. 109) – Vorzeitigkeit (L. XXXI 1b, S. 106) – Zeitverhältnis (im cum-Satz L. XXXIII 2 d, S. 112; beim abl. abs. L. XXXV 2 d, S. 120) – Prädikativum (L. XXXIV 3, S. 116 f.)
- Objekt: dopp. Akk. (L. XXXIV 2 b, S. 115) – Gen.-Obj. (L. XXXIX 2, S. 128 f.)
- Adverbiale: konjunktiv. adverb. Nebensatz (cum): (L. XXXIII 2, S. 111 f.)
- satzw. Konstruktionen: Prädikativum (L. XXXIV 3 c, S. 117) – abl. abs. (L. XXXV 2, S. 118–120, XXXVI 1, S. 121) – AcP (L. XXXVII 1, S. 123)
- Funktion rhetorischer Sprach- und Stilmittel: (L. XXXVII 2, S. 123 f.)

Formenlehre

Konjugationen

- a- u. e-Konjug.: Ind. Plusquamperf. (L. XXXI 1, S. 105 f.) – Konj. Plusquamperf. (L. XXXII 1, S. 108 f.) – Deponentien (L. XXXVIII 1, S. 125)
- ĭ-Konjug.: Ind. Plusquamperf. (L. XXXI 1, S. 105 f.) – Konj. Plusquamperf. (L. XXXII 1, S. 108 f.) – Deponentien (L. XXXIX 1 a, S. 127)
- ī-Konjugation: Ind. Plusquamperf. (L. XXXI 1, S. 105 f.) – Konj. Plusquamperf. (L. XXXII 1, S. 108 f.) – Deponentien (L. XXXIX 1 b, S. 128)
- konson. Konjugation: Ind. Plusquamperf. (L. XXXI 1, S. 105 f.) – Konj. Plusquamperf. (L. XXXII 1, S. 108 f.) – Deponentien (L. XXXIX 1 a, S. 127)
- posse: Ind. u. Konj. Plusquamperf. (L. XXXI 1, S. 105 f., L. XXXII 1, S. 108 f.)
- īre: Ind. u. Konj. Plusquamperf. (L. XXXI 1, S. 105 f., L. XXXII 1, S. 108 f.)
- ferre: Verbal- und Perfektstamm: infinite Formen: Aktiv (L. XXXII 2 a, S. 109), Passiv: (L. XXXIV 1 a, S. 113) – finite Formen: Aktiv (L. XXXII 2 b, S. 109), Passiv (L. XXXIV 1 b, S. 113)

Deklinationen

- a- und o- Dekl., Adjektive: Bildung d. Adverbien (L. XXXVIII 2 a, S. 126)
- 3. Deklination, Adjektive: Bildung der Adverbien (L. XXXVIII 2 b, S. 126)
- Pronomina: Demonstrativpron.: ipse; iste (L. XXXI 2, S. 107) – idem (L. XXXVI 2, S. 122) – Indefinitpron.: nemo – nihil – (n)ullus (L. XXXIII 1, S. 111) – quidam (L. XXXIX 4, S. 129) – Personalpron.: Genitiv (L. XXXIX 3, S. 129)
- Pronominaladjekt.: alter – uter – neuter – uterque – solus – totus – unus (L. XXXV 1, S. 118)

Lectio XLI

1. Die Komparation (Steigerung) der Adjektive

Die meisten Adjektive haben drei Steigerungsstufen:
hoch – höher – der/die/das höchste bzw. high – higher – the highest.

a) Formen

	Positiv (Grundstufe)			Komparativ (Vergleichsstufe)		Superlativ (Höchststufe)		
	Mask.	F.	N.	Mask./Fem.	N.	Mask.	F.	N.
ā-/o-Dekl.	doctus,	-a,	-um	doctior,	doctius	doctissimus,	-a,	-um
(Adj. auf -er)	miser,	-a,	-um	miserior,	miserius	miserrimus,	-a,	-um
3. Dekl.	brevis,		-e	brevior,	brevius	brevissimus,	-a,	-um
(Adj. auf -lis)	facilis,		-e	facilior,	facilius	facillimus,	-a,	-um
(Adj. auf -er)	acer,	-is,	-e	acrior,	acrius	acerrimus,	-a,	-um

Den Komparativ der Adjektive erkennst du an den Ausgängen -ior (für Maskulinum und Femininum) und -ius (für das Neutrum); sie werden wie die Ausgänge der Substantive der konsonantischen Deklination flektiert, also: doctior, Genitiv doctiōris usw., bzw. doctius, Genitiv doctiōris usw.

Den Superlativ der Adjektive erkennst du an den Suffixen
-issimus, -a, -um (häufigste Bildungsweise)
-rimus, -a, -um (nur Adjektive auf -er)
-limus, -a, -um (Adjektive auf -lis, -le).

b) Wiedergabe

Rhēnus longior est quam Visurgis. Der Rhein ist länger als die Weser.

Der Komparativ eines lateinischen Adjektivs wird im Deutschen entsprechend wiedergegeben. Quam, das auf den Vergleichspunkt verweist, wird mit »als« übersetzt. Fehlt der Vergleichspunkt, gibt man den Komparativ durch zu oder ziemlich und die Grundstufe wieder:

Rhēnus longior est.	Der Rhein ist ziemlich lang.
Danūvius longissimus hōrum fluviōrum est.	Die Donau ist der längste dieser Flüsse.

Der Superlativ bezeichnet oft die höchste Steigerungsstufe; er kann als Elativ aber auch eine sehr hohe Stufe bezeichnen:

Danūvius longissimus est.	Die Donau ist sehr/überaus lang.

2. Adverbiale: der Ablativ des Vergleichs

Hadriānus doctior erat plērīsque Rōmānīs. (= Hadriānus doctior erat quam plērīque Rōmānī.)	Hadrian war gelehrter als die meisten Römer/ Im Vergleich zu den meisten Römern war Hadrian gelehrter.

a) Syntaktische Funktion

W:	Substantiv (Nom. Sg.)	Adjektiv im Komparativ (Nom. Sg.)	Hilfsverb (3. Pers. Sg.)	Adjektiv (Abl. Pl. M.)	Substantiv
	Hadriānus	doctior	erat	plērīsque	Rōmānīs.
S:	**Subjekt**	**Prädikat**		**Adverbiale**	

Der ablativus comparationis (Ablativ des Vergleichs) füllt im Satz die Position des Adverbiales aus.

b) Semantische Funktion

Der Ablativ des Vergleichs bezeichnet beim Komparativ die zum Vergleich herangezogene Person oder Sache.

Lectio XLII

1. Die unregelmäßige Komparation von Adjektiven

Nicht nur im Deutschen und Englischen (gut – besser – am besten bzw. good – better – best), sondern auch im Lateinischen gibt es Adjektive, die den Komparativ und/oder Superlativ von anderen Wörtern bilden als die Grundstufe; die Komparationssuffixe können im Vergleich zu den Formen der regelmäßigen Steigerung (s. L XLI 1, S. 131) ebenfalls leicht verändert sein:

Positiv		Komparativ	Superlativ
bonus, -a, -um	gut	melior, melius	optimus, -a, -um
malus, -a, -um	schlecht	peior, peius	pessimus, -a, -um
māgnus, -a, -um	groß	māior, māius	maximus, -a, -um
parvus, -a, -um	klein	minor, minus	minimus, -a, -um
multī, -ae, -a	viele	plūres, plūra, Gen.: plūrium	plūrimī, -ae, -a
multum	viel	plūs, Gen.: plūris	plūrimum

2. Das Indefinitpronomen quisque

Hodiē suum quisque hortum statuīs ōrnat.	Heutzutage schmückt jeder seinen Garten mit Statuen.
Sapientis est optimum quodque artificium colligere.	Es ist vernünftig, gerade die besten Kunstwerke zu sammeln.
Quīntō quōque annō cēnsōrēs creābantur.	In jedem fünften Jahr/Alle vier Jahre wurden Zensoren gewählt.

a) Formen

	Mask.		Fem.		Neutr.	
Substantivischer Gebrauch:	quisque	jeder			quidque	jedes
			cuiusque			
			usw.			
Adjektivischer Gebrauch:	quisque	jeder	quaeque	jede	quodque	jedes
			cuiusque			
			cuique			
	quemque		quamque		quodque	
	quōque		quāque		quōque	

Quisque wird wie das Fragepronomen quis (s. L XIV 3 a, S. 57) dekliniert.

b) Vorkommen und Verwendung

Quisque benötigt in der Regel ein Stützwort wie suī, sibi, sē, suus, -a, -um, Ordnungszahlen oder Superlative von Adjektiven, woran es sich anschließt.

3. Semantische und syntaktische Funktionen des Ablativs

Nomina im Ablativ drücken zumeist Umstandsbestimmungen aus. Der Ablativ steht dabei sehr häufig an der Satzposition des Adverbiales, seltener an der des Objekts oder Attributs.
Bei der folgenden Übersicht der semantischen Funktionen bzw. Sinnrichtungen des Ablativs wird die syntaktische Funktion daher nur dann genannt, wenn der Ablativ die Position des Objekts oder Attributs ausfüllt.

a) Bekannte und neue Sinnrichtungen

Aegrōtōs sectionibus cūrō.	Ich heile Kranke durch Operationen.

– Ablativ des Mittels (ablativus instrumentalis), s. L VIII 1 b, S. 40.

Amoenitāte locī fruor.	Ich genieße die Schönheit der Gegend.

Bei fruī etw. genießen, ūtī etw. gebrauchen, benützen, fungī etw. verwalten steht der Instrumental als Ablativobjekt.

Gaudeō hōc lacū.	Ich freue mich über dieses Bassin.

– Ablativ des Grundes (ablativus causae), s. L XXIII 2 a, S. 85.

Frāter minor nātū mihi est.	Ich habe einen jüngeren Bruder.
Artificia Graeca fōrmā nōn aequat.	Es kommt griechischen Kunstwerken an Schönheit nicht gleich.

– Ablativ der Beziehung (ablativus limitationis/respectus) auf die Fragen Worin? Woran? In welcher Beziehung?
  Er steht bei vergleichenden Verben wie aequāre (gleichkommen an, erreichen in), aestimāre (einschätzen), praestāre, superāre (übertreffen an) sowie bei māior nātū (älter) und minor nātū (jünger).

Paulō post legatus narrāre coepit.	Wenig später begann der Gesandte zu erzählen.

– Ablativ des Maßes (ablativus mensurae/discriminis), s. L XXIV 1 b, S. 86.

Maximā vōce clāmāvit.	Er rief mit sehr lauter Stimme.

– Ablativ der Art und Weise (ablativus modi), s. L VIII 1 b, S. 40.

Et Carthāgine et Athēnīs statuās vīdī.	Sowohl in Karthago als auch in Athen habe ich Statuen gesehen.

– Ablativ des Ortes (ablativus loci), s. L XXIII 2 b, S. 85.

Decimā hōrā vīllam intrāvī.	Ich betrat das Landhaus in der zehnten Stunde.

– Ablativ der Zeit (ablativus temporis), s. L VIII 1 b, S. 40.

Hic vir genere rēgiō nātus est.	Dieser Mann stammt aus königlichem Geschlecht.
Hodiē Athēnīs discēssit.	Heute reiste er von/aus Athen ab.

– Ablativ der Herkunft (ablativus originis) auf die Fragen Woraus? Wovon? Woher? Er bezeichnet die Herkunft von Personen oder den Ausgangspunkt von Handlungen und Ereignissen.

Fabrīs bonīs careō.	Ich habe keine guten Handwerker.

Bei Verben der Trennung mit den Bedeutungen berauben, betrügen, entbehren (= nicht haben), brauchen, befreien, frei sein, fernhalten usw. steht auf die Fragen: Wovon? Woher? der Ablativ der Trennung.

– Ablativ der Trennung (ablativus separativus), vgl. L VIII 1 b, S. 40.

Nēmō pulchrius cantāvit Orpheō.	Niemand sang schöner als Orpheus.

– Ablativ des Vergleichs (ablativus comparationis), s. L XLI 2, S. 132.

Ibī statuās praeclārā fōrmā inveniēs.	Dort wirst du Statuen von besonderer Schönheit finden.

– Ablativ der Beschaffenheit (ablativus qualitatis), s. L XXIV 1 a, S. 86.

Traiānō vīvō Apollodōrus multum vāluit.	Zu Lebzeiten Trajans hatte Apollodorus großen Einfluß.

– Ablativus absolutus: vgl. L XXXV 2, S. 118–120 und L XXXVI 1, S. 121 f.

b) Übersicht

In der folgenden Übersicht erscheinen die verschiedenen Funktionen des Ablativs in der Reihenfolge der Textbeispiele.

Frage	Sinnrichtung	Ablativus
Womit? Wodurch?	Mittel	instrumentalis
Wodurch? Worüber?	Grund	causae
Woran? Worin?	Beziehung	limitationis
Um wieviel?	Maß	mensurae
Wie?	Art und Weise	modi
Wo?	Ortsangabe	loci
Wann?	Zeitangabe	temporis
Woher? Wovon?	Herkunft	originis
Woher? Wovon?	Trennung	separativus
Im Vergleich zu wem/wozu?	Vergleich	comparationis
Wovon?	Eigenschaft	qualitatis

Der Abl. abs. bezeichnet temporale, kausale, konzessive Sinnrichtungen.

Lectio XLIII

1. Die Komparation von Adverbien

Amīcī urbem diūtius intuēbantur.	Die Freunde sahen ziemlich lange auf die Stadt.
Amīcī celerrimē in arcem ascendērunt.	Die Freunde stiegen sehr schnell auf die Burg.

a) Regelmäßige Steigerung

Den Komparativ von Adverbien mit regelmäßiger Steigerung erkennst du am Ausgang -ius; dieser entspricht in seiner Form dem Nom./Akk. Sg. Neutrum.

Der Superlativ von Adverbien hat zumeist die Adverbendung -e.

Positiv	Komparativ	Superlativ
doctē	doctius	doctissimē
breviter	brevius	brevissimē
acriter	acrius	acerrimē
pulchrē	pulchrius	pulcherrimē

b) Unregelmäßige Steigerung

bene	melius	optimē
paulum	minus	minimē

Entsprechend der Bildungsweise des Nom./Akk. Sg. Neutrum der Adjektive mit unregelmäßiger Steigerung lautet der Komparativ hier auf -ius oder -us.

2. Indefinitpronomina: aliquis, quis

Aliquis dīxit amōrem omnia vincere.	Irgendjemand hat einmal gesagt, daß die Liebe alles besiegt.
»Sī quem amās, semper rectam viam inveniēs.«	»Wenn du jemanden liebst, wirst du immer den richtigen Weg finden.«
Nōn sine aliquā spē reditūs Cicerō Itāliam relīquit.	Nicht ohne eine begründete Hoffnung auf Rückkehr verließ Cicero Italien.

a) Formen und Bedeutung

Die genannten Indefinitpronomina werden wie die Interrogativpronomina quis, quid (substantivischer) bzw. quī, quae, quod (adjektivischer Gebrauch) dekliniert (Ausnahmen: (ali)qua im Nom. Sg. Fem. und Nom./Akk. Pl. Neutr.).

Substantivischer Gebrauch			Adjektivischer Gebrauch		
Mask./Fem.		Neutr.	Mask.	Fem.	Neutr.
aliquis		aliquid	aliquī	aliqua	aliquod
	alicuius			alicuius	
	usw.			usw.	
quis		quid	quī	qua	quod
	cuius			cuius	
	usw.			usw.	
irgendjemand		irgendetwas	irgendein	irgendeine	irgendein

b) Vorkommen

Quis (irgendjemand) steht nur nach bestimmten Wörtern (Stützwörtern, s. L XLII 2 a, S. 134 zu quisque) wie z. B. sī, nisī usw.; sonst kommt aliquis vor.

Lectio XLIV

1. Das Indefinitpronomen quisquam

Num quisquam taurum tantā fōrmā vīdit?

Hat irgendjemand einen Stier von solcher Schönheit gesehen?

Vgl.: Has anybody seen a bull of such beauty?

Aeneās sine ullā spē reditūs Troiam relīquit.

Ohne die geringste Hoffnung auf Rückkehr verließ Aeneas Troja.

a) Formen und Bedeutung

Substantivischer Gebrauch			Adjektivischer Gebrauch		
Mask./Fem.		Neutr.	Mask.	Fem.	Neutr.
quisquam		quidquam	ullus	ulla	ullum
	cuiusquam			ullius	
	usw.			usw.	
irgendjemand		irgendetwas	irgendein	irgendeine	irgendein

b) Verwendung

Quisquam und ullus stehen nur in Sätzen mit verneinendem Sinn, aliquis und aliquī in Sätzen mit bejahendem Sinn; vgl. die Verwendung von some und any im Englischen.

2. Finalsätze: Subjunktionalsätze mit ut/nē + Konjunktiv

– Iuppiter in terram sē confert, ut Europae propior sit.

Jupiter begibt sich auf die Erde, um Europa näher zu sein/ damit er Europa näher sei.

Iuppiter in terram sē contulit, ut Europae proprior esset.

Jupiter begab sich auf die Erde, um Europa näher zu sein/ damit er Europa näher sei.

– Iuppiter fōrmā taurī adest, nē puellam terreat.	Jupiter ist in Gestalt eines Stieres anwesend, um das Mädchen nicht zu erschrecken/ damit er das Mädchen nicht erschrecke.
Iuppiter fōrmā taurī aderat, nē puellam terrēret.	Jupiter war in Gestalt eines Stiers anwesend, um das Mädchen nicht zu erschrecken/ damit er das Mädchen nicht erschrecke.
– Ā taurō petitur, ut puella caput ōrnet.	Vom Stier wird gewünscht, daß das Mädchen seinen Kopf schmückt/ schmücke/schmücken soll(e).
Ā taurō petitum est, ut puella caput ōrnāret.	Vom Stier wurde gewünscht, daß das Mädchen seinen Kopf schmückt/ schmücke/schmücken soll(e).
– Puella postulat, nē amīcīs auferātur.	Das Mädchen fordert, nicht den Freunden entrissen zu werden/ daß es den Freunden nicht entrissen werde/wird.
Puella postulāvit, nē amīcīs auferrētur.	Das Mädchen forderte, nicht den Freunden entrissen zu werden/ daß es den Freunden nicht entrissen werde/wird.

a) Form der Finalsätze

Bejahte Finalsätze sind von der Subjunktion ut (damit/dass), verneinte von der Subjunktion nē (damit nicht/daß nicht) eingeleitet.
Nach ut und nē steht das Prädikat des Finalsatzes jeweils im Konjunktiv.

Im 2. Beispielsatz der Satzpaare hat das Prädikat des Subjunktionalsatzes jeweils die Form des Konjunktiv Imperfekt (s. L XXVII 1, S. 93 f.), im 1. Beispielsatz die Form des Konjunktiv Präsens.

b) *Der Konjunktiv Präsens: Formen und Bildungsweise*

Aktiv

	ā-Konjugation	ē-Konjugation	konsonantische Konjugation	esse
1. Pers. Sg.	laudem	videam	regam	sim
2. Pers. Sg.	laudēs	videās	regās	sīs
3. Pers. Sg.	laudet	videat	regat	sit
1. Pers. Pl.	laudēmus	videāmus	regāmus	sīmus
2. Pers. Pl.	laudētis	videātis	regātis	sītis
3. Pers. Pl.	laudent	videant	regant	sint
	ĭ-Konjugation (kurzvokalisch)	ī-Konjugation (langvokalisch)	īre	posse
1. Pers. Sg.	capiam	audiam	eam	possim
2. Pers. Sg.	capiās usw.	audiās usw.	eās usw.	possīs usw.

Passiv

	ā-Konjugation	ē-Konjugation	konsonantische Konjugation	īre
1. Pers. Sg.	lauder	videar	regar	
2. Pers. Sg.	laudēris	videāris	regāris	
3. Pers. Sg.	laudētur	videātur	regātur	eātur
1. Pers. Pl.	laudēmur	videāmur	regāmur	
2. Pers. Pl.	laudēminī	videāminī	regāminī	
3. Pers. Pl.	laudentur	videantur	regantur	eantur
	ĭ-Konjugation (kurzvokalisch)		ī-Konjugation (langvokalisch)	
1. Pers. Sg.	capiar		audiar	
2. Pers. Sg.	capiāris usw.		audiāris usw.	

Bildungsweise:

Verbalstamm +	Moduskennzeichen +	Personalendung

c) Wiedergabe und Funktionen der Finalsätze

Absichtssätze

In den ersten beiden Paaren der Beispielsätze bezeichnen die Finalsätze eine Absicht; ut und nē sind daher durch damit/damit nicht wiederzugeben.

Steht im übergeordneten und im abhängigen Satz dasselbe Subjekt, wird im Deutschen die Wiedergabe von ut und nē durch um … zu bzw. um … nicht zu + Infinitiv bevorzugt.

Die Absichtssätze füllen im Satzgefüge die Position des Adverbiales aus; sie gehören daher zu den Adverbialsätzen.

Begehrsätze

Im dritten und vierten Paar der Beispielsätze bezeichnen die Finalsätze einen Wunsch oder ein Begehren; ut und nē werden in Begehrsätzen daher mit daß bzw. daß nicht übersetzt.

Bei gleichem Subjekt im Hauptsatz und im abhängigen Begehrsatz werden ut und nē zumeist durch zu bzw. nicht zu + Infinitiv wiedergegeben.

Begehrsätze stehen nach Verben des Bittens, Forderns und Strebens wie rogāre, hortārī, persuadēre (überreden), orāre, monēre, permittere, petere, optāre, operam dare (sich bemühen), imperāre, suadēre.

Nach einem passivischen Prädikat im Hauptsatz – s. drittes Satzpaar – nehmen die Begehrsätze die Position des Subjekts, nach einem aktivischen Prädikat – s. viertes Satzpaar – die Position des Objekts ein.

d) Tempora beim Zeitverhältnis der Gleichzeitigkeit

Latein		Deutsch	
Übergeordneter Satz (z. B. Hauptsatz)	Untergeordneter konjunktivischer Satz (z. B. Finalsatz)	Übergeordneter Satz	Untergeordneter Satz
Präsens/Futur	Konjunktiv Präsens	Präsens/Futur	Konjunktiv I (= Konj. Präs.) oder Ind. Präs.
Perfekt/ Imperfekt/ Plusquamperfekt	Konjunktiv Imperfekt	Perfekt/Präteritum (Imperfekt)/ Plusquamperfekt	Konjunktiv I (= Konj. Präs.) oder Ind. Präs.

Lectio XLV

1. Besonderheiten der Finalsätze

a) Die Subjunktion nē nach Verben des Fürchtens und monēre

»Moneō tē, nē nimis sōlī appropinquēs.«	»Ich warne dich, zu nahe an die Sonne heranzufliegen.«
Ariadnā timēbat, nē populus ā rēge dēficeret.	Ariadne fürchtete, daß das Volk den König im Stich ließ.

Bei Verben des Fürchtens wie z. B. timēre, metuere, verērī usw. wird nē mit daß, nē ... nōn mit daß ... nicht wiedergegeben.
Monēre, nē bedeutet: Warnen, daß ... .

b) Reflexivität

Mīnōs Daedalum ōrāvit, ut sibi adesset.	Minos bat Dädalus, ihm zu helfen.

In abhängigen lateinischen Begehrsätzen stehen die Personal- und Possessivpronomina der 3. Person in den reflexiven Formen (hier: sibi statt eī), wenn sie sich inhaltlich auf das Subjekt des übergeordneten Satzes beziehen; im Deutschen stehen dagegen die nichtreflexiven Formen.

2. Indirekte (abhängige) Fragesätze

Venus rogat, cūr ista rēgīna tam superba sit.	Venus fragt, warum diese Königin so hochmütig ist/sei.
Venus rogat, cūr ista rēgīna tam superba fuerit.	Venus fragt, warum diese Königin so hochmütig gewesen ist/sei.
Venus rogāvit, cūr ista rēgīna tam superba esset.	Venus fragte, warum diese Königin so hochmütig sei/ist/war.
Venus rogāvit, cūr ista rēgīna tam superba fuisset.	Venus fragte, warum diese Königin so hochmütig gewesen sei/war.

a) Form und semantische Funktion der indirekten Fragesätze

Indirekte Fragesätze stehen nach Verben des Fragens, Sagens und Wissens wie z. B. interrogāre, rogāre; dīcere, narrāre; scīre, nēscīre usw.
Sie werden mit Interrogativpronomina (z. B. Quis? Quid?), Adverbien (z. B. cūr? quārē? ubī? usw.) oder Partikeln (z. B. utrum … an = ob … oder) eingeleitet.
Das Prädikat des indirekten Fragesatzes steht im Lateinischen im Konjunktiv.
Im 2. Beispielsatz ist der Konjunktiv Perfekt verwendet.

b) Der Konjunktiv Perfekt: Formen und Bildungsweise

Aktiv

	ā-Konjugation	ē-Konjugation	konsonantische Konjugation	
1. Pers. Sg.	laudāverim	vīderim	rexerim	
2. Pers. Sg.	laudāveris	vīderis	rexeris	
3. Pers. Sg.	laudāverit	vīderit	rexerit	
1. Pers. Pl.	laudāverimus	vīderimus	rexerimus	
2. Pers. Pl.	laudāveritis	vīderitis	rexeritis	
3. Pers. Pl.	laudāverint	vīderint	rexerint	
	ĭ-Konjugation (kurzvokalisch)	ī-Konjugation (langvokalisch)	esse	īre
1. Pers. Sg.	ceperim	audīverim	fuerim	ierim
2. Pers. Sg.	ceperis	audīveris	fueris	ieris
3. Pers. Sg.	ceperit	audīverit	fuerit	ierit
1. Pers. Pl.	ceperimus	audīverimus	fuerimus	ierimus
2. Pers. Pl.	ceperitis	audīveritis	fueritis	ieritis
3. Pers. Pl.	ceperint	audīverint	fuerint	ierint

Bildungsweise:

Perfektstamm +	Moduszeichen eri + Personalendung

Passiv

1. Pers. Sg.	laudātus, -a, -um	sim
2. Pers. Sg.	laudātus, -a, -um	sīs usw.

Bildungsweise:

Partizip II (= PPP) + Konjunktiv Präsens von esse

c) Tempora beim Zeitverhältnis der Vorzeitigkeit

<table>
<tr><td colspan="2">Latein</td><td colspan="2">Deutsch</td></tr>
<tr><td colspan="4">Vorzeitigkeit</td></tr>
<tr><td>Übergeordneter Satz (z. B. Hauptsatz)</td><td>Untergeordneter Satz (z. B. Finalsatz)</td><td>Übergeordneter Satz</td><td>Untergeordneter Satz</td></tr>
<tr><td rowspan="2">Präsens/Futur</td><td>Konjunktiv Perfekt</td><td>Präsens/Futur</td><td rowspan="2">Indikativ Perfekt – Konjunktiv Perfekt</td></tr>
<tr><td colspan="2">(s. Beispielsatz 2)</td></tr>
<tr><td rowspan="2">Perfekt/ Imperfekt/ Plusquamperfekt</td><td>Konjunktiv Plusquamperfekt</td><td>Perfekt/ Präteritum/ Plusquamperfekt</td><td rowspan="2">Konjunktiv I der Vorzeitigkeit (= Konj. Perfekt) oder Ind. Plusquamperfekt (»hochmütig gewesen sei/war«)</td></tr>
<tr><td colspan="2">(s. Beispielsatz 4)</td></tr>
<tr><td colspan="4">Gleichzeitigkeit: s. L XLIV 2 d, S. 142</td></tr>
</table>

Im Deutschen wird der lateinische Konjunktiv im Prädikat indirekter Fragesätze vorwiegend mit dem Indikativ wiedergegeben, wenn der übergeordnete Satz im Präsens steht.

Zeitenfolge consecutio temporum

Während die Abfolge der Tempora (Zeitenfolge, consecutio temporum) zwischen dem übergeordneten und dem untergeordneten Satz im Lateinischen in der angegebenen Weise zumeist festgelegt ist, richtet sich die Wiedergabe des Subjunktionalsatzes im Deutschen nach dessen semantischer Funktion: Prädikate in Finalsätzen (s. L XLIV 2 d) werden also z. T. in einem anderen Modus wiedergegeben als in indirekten Fragesätzen (s. oben).

d) Syntaktische Funktionen der indirekten Fragesätze

Steht das Prädikat des übergeordneten Satzes im Aktiv, dann ist der indirekte Fragesatz ein Objektsatz (vgl. Beispielsätze 1–4); steht es dagegen im Passiv, ist der indirekte Fragesatz ein Subjektsatz (vgl. L XLIV 2 c, S. 142 Begehrsätze).

Lectio XLVI

1. Konsekutivsätze: Subjunktionalsätze mit ut + Konjunktiv

Ariadna Thēseum adeō amāvit, ut eī adesset Mīnōtaurum occīdere/ ut nōn recūsāret eī adesse.	Ariadne liebte Theseus so sehr, daß sie ihm half, den Minotauros zu töten/ daß sie sich nicht weigerte, ihm zu helfen.
Ac profectō Thēseō contigit, ut Mīnōtaurum necāret.	Und tatsächlich gelang es Theseus, den Minotaurus zu töten.

a) Form

Konsekutivsätze werden mit der Subjunktion ut + Konjunktiv eingeleitet; die Verneinung von ut lautet hier ut … nōn.

b) Syntaktische und semantische Funktionen und Wiedergabe

Konsekutive Adverbialsätze

Im ersten Beispielsatz nimmt der ut-Satz im Satzgefüge die Position des Adverbiales ein.
Der Adverbialsatz bezeichnet hier die Folge von Handlungen oder Ereignissen, die im übergeordneten Satz geschildert sind; wegen dieser semantischen Funktion heißt er daher Konsekutiv- oder Folgesatz.

Falls im übergeordneten Satz Demonstrativa (hinweisende Wörter) wie

is, ea, id	solch, so ein	tam	so (bei Adjektiven)
tantus, -a, -um	so groß	ita, sīc	so (bei Verben)
adeō	so sehr		

stehen, wird die Subjunktion ut im Konsekutivsatz mit daß, andernfalls mit so daß wiedergegeben.

Konsekutive Subjektsätze

Im zweiten Beispielsatz füllt der ut-Satz im konsekutiven Satzgefüge die Position des Subjekts aus.
An dieser Satzposition stehen Konsekutivsätze nach sogenannten unpersönlichen Verben, die entweder ein Ereignis oder die Konsequenzen (Folgen) einer Handlung angeben:

accidit	es ereignet sich	sequitur	daraus folgt
contingit	es gelingt/glückt	mōs est	es ist Sitte

Bei diesen konsekutiven Subjektsätzen wird ut mit daß oder – wenn möglich – mit zu + Infinitiv übersetzt.

c) Wiedergabe des lateinischen Konjunktivs

Der lateinische Konjunktiv wird in Konsekutivsätzen stets mit dem entsprechenden Indikativ wiedergegeben. Die Regeln der Zeitenfolge des Lateinischen (s. L XLV 2 c, S.145) gelten auch bei den Konsekutivsätzen.

2. Die Verben velle und nōlle

a) Infinite Formen

Infinitiv I:	velle	wollen	nōlle	nicht wollen
Infinitiv II:	voluisse	gewollt zu haben	nōluisse	nicht gewollt zu haben
Partizip I:	volēns, -entis	einer, der will	nōlēns, -entis	einer, der nicht will

b) Finite Formen

	Indikativ Präsens			
1. Pers. Sg.	volō	ich will	nōlō	ich will nicht
2. Pers. Sg.	vīs		nōn vīs	
3. Pers. Sg.	vult		nōn vult	
1. Pers. Pl.	volumus		nōlumus	
2. Pers. Pl.	vultis		nōn vultis	
3. Pers. Pl.	volunt		nōlunt	

	Konjunktiv Präsens	
1. Pers. Sg.	velim	nōlim
2. Pers. Sg.	velīs	nōlīs
	usw.	usw.
	Indikativ Imperfekt	
1. Pers. Sg.	volēbam	nōlēbam
2. Pers. Sg.	volēbās	nōlēbās
	usw.	usw.
	Konjunktiv Imperfekt	
1. Pers. Sg.	vellem	nōllem
2. Pers. Sg.	vellēs	nōllēs
	usw.	usw.
	Futur	
1. Pers. Sg.	volam	nōlam
2. Pers. Sg.	volēs	nōlēs
	usw.	usw.
	Imperativ	
2. Pers. Sg.		nōlī
2. Pers. Pl.		nōlīte
Perfektstamm	Indikativ Perfekt	
1. Pers. Sg.	volu*ī*	nōlu*ī*
	usw.	usw.

Die weiteren Tempora des Perfektstammes werden entsprechend gebildet.

Hinweis zur Entstehung der Formen:
Nōlō ist eine Kontraktion (Zusammenziehung) aus ne + volō;
aus der Kontraktion von magis + velle entstand mālle (lieber wollen).

Lectio XLVII

Semantische Funktion des Konjunktivs in Hauptsätzen

1. Aufforderungssätze

Accipite ea, quae dē Cornēliā tradita sunt!	Hört, was von Cornelia überliefert ist!
Nōlīte accūsāre fortūnam! = Nē accūsāveritis fortūnam!	Klagt das Schicksal nicht an!
Legāmus ea, quae Ulpiānus dē mulieribus scrīpsit!	Lesen wir, was Ulpian über die Frauen geschrieben hat!
Audiātur et altera pars!	Auch die andere Seite (die Gegenpartei) soll gehört werden (Gehör finden)!

a) Befehl und Gebot an die 2. Person

Befehle werden in der Regel durch den Imperativ (vgl. imperāre) ausgedrückt (erster Beispielsatz).

b) Verbot an die 2. Person: Prohibitiv

Für die Formulierung von Verboten gibt es zwei Ausdrucksweisen: Zum einen den Imperativ von nōlle (s. L XLVI 2 b, S. 147) + Infinitiv I, zum andern den verneinten Imperativ (Prohibitiv, vgl. prohibēre), der aus den Bestandteilen nē + Konjunktiv Perfekt (s. L XLV 2 b, S. 145 f.) besteht (zweiter Beispielsatz).

c) Aufforderung an die 1. Person Plural: Hortativ

Aufforderungen an die 1. Person Plural werden durch den Konjunktiv Präsens (s. dritter Beispielsatz) ausgedrückt, der in dieser Funktion Hortativ (auch: Exhortativ, vgl. hortārī) heißt.

d) Aufforderung an die 3. Person: Jussiv

Aufforderungen an die 3. Person stehen im Konjunktiv Präsens (s. vierter Beispielsatz), der in dieser Verwendung Jussiv (vgl. iubēre) heißt.

2. Wunschsätze

(Utinam) honestē vivās!	Hoffentlich führst du ein anständiges Leben!
Utinam nē tam vāna essēs!	Wenn du doch nicht so eitel wärest!
Utinam nē tam vāna fuissēs!	Wenn du doch nicht so eitel gewesen wärest!

a) Erfüllbar gedachte Wunschsätze (erster Beispielsatz)

Hauptsätze, die im Konjunktiv Präsens stehen und häufig mit utinam eingeleitet sind, bezeichnen die Erfüllbarkeit eines Wunsches. Solche Wunschsätze werden im Deutschen mit dem Adverb hoffentlich eingeleitet.

b) Unerfüllbar gedachte Wunschsätze (zweiter Beispielsatz)

Unerfüllbar gedachte Wunschsätze der Gegenwart werden durch den Konjunktiv Imperfekt ausgedrückt und mit utinam eingeleitet.

c) Unerfüllte Wunschsätze (dritter Beispielsatz)

Unerfüllte Wünsche der Vergangenheit stehen im Konjunktiv Plusquamperfekt und sind ebenfalls durch utinam eingeleitet.
Die Wiedergabe der Wunschsätze unter b) und c) erfolgt am besten mit wenn doch und dem Konjunktiv II der Gleich- bzw. Vorzeitigkeit (= Konjunktiv Imperfekt/Plusquamperfekt).

Der Konjunktiv im Wunschsatz heißt Optativ; die Negation im Wunschsatz und Aufforderungssatz ist nē.

Lectio XLVIII

1. Die nd-Formen: adjektivische nd-Form (Gerundiv)

Pacta sunt servanda.	Verträge sind einzuhalten/ müssen eingehalten werden./ Man muß Verträge einhalten.
Hoc pactum mihi erat servandum.	Dieser Vertrag war von mir einzuhalten/ mußte von mir eingehalten werden./ Ich mußte diesen Vertrag einhalten.

a) Bildungsweise

serva	-------------	nd	------	-us, -a, -um
Verbalstamm	+	nd	+	-us, -a, -um

Das Gerundiv ist ein Adjektiv, das durch das Suffix -nd von einem Verb abgeleitet ist (Verbaladjektiv).

b) Syntaktische Funktion: Prädikatsnomen

W:	Substantiv (Nom. Pl. Neutr.)	Hilfsverb (3. Pers. Pl.)	Gerundiv (Nom. Pl. Neutr.)
	Pacta	sunt	servanda.
		Kopula	**Prädikatsnomen**
S:	**Subjekt**	**Prädikat**	

In allen Beispielsätzen steht das Gerundiv wie ein Adjektiv an der Satzposition des Prädikatsnomens und bildet zusammen mit Formen der Kopula esse das Prädikat.
Das Gerundiv als Prädikatsnomen bezieht sich in KNG-Kongruenz auf das Subjekt eines Satzes bzw. auf den Subjektsakkusativ des AcI.

c) Semantische Funktion: Notwendigkeit

In der angegebenen syntaktischen Funktion bezeichnet das Gerundiv eine Notwendigkeit oder einen Zwang.

d) Wiedergabe

In bejahten Sätzen kann das Gerundiv in Verbindung mit esse durch das Hilfsverb sein + zu + Infinitiv Präsens Aktiv oder durch müssen/sollen + Infinitiv Präsens Passiv, in verneinten Sätzen durch nicht zu + Infinitiv Präsens Aktiv oder durch nicht dürfen/sollen + Infinitiv Präsens Passiv wiedergegeben werden. Aus stilistischen Gründen empfiehlt sich die Wiedergabe mit dem deutschen Aktiv; wird keine Person genannt, steht das unpersönliche man (vgl. Beispielsatz 1). Das Tempus von müssen, nicht dürfen bzw. des Hilfsverbs sein richtet sich bei der Wiedergabe nach dem Tempus, in dem die jeweilige Form der Kopula esse steht.

2. Der Dativ des Urhebers (dativus auctoris)

W:	Demonstrativum	Substantiv (Nom. Sg. Neutr.)	Pers.-Pron. (Dat. Sg.)	Hilfsverb (3. Pers. Sg.)	Gerundiv (N. Sg. Neutr.)
	Hoc	pactum	mihi	erat	servandum.
	Attribut			Kopula	Prädikatsnomen
S:	Subjekt		Adverbiale	Prädikat	

a) Syntaktische und semantische Funktion

Die Person, die etwas tun soll oder muß bzw. etwas nicht tun darf, steht beim Gerundiv als Prädikatsnomen im Dativ (vgl. Beispielsatz 2) und an der Satzposition des Adverbiales. Dieser adverbiale Dativ bezeichnet als dativus auctoris die Person, von der eine Handlung ausgeht.

b) Wiedergabe des dativus auctoris

Er wird nicht ebenfalls mit einem Dativ übersetzt, sondern mit einem Präpositionalausdruck (z. B. von mir) oder mit dem Nominativ (ich + aktivische Wiedergabe; vgl. 2. Beispielsatz) wiedergegeben.

Lectio IL

1. Die nd-Formen: die adjektivische nd-Form (Gerundiv) – persönlicher und unpersönlicher Gebrauch

Amīcus mihi adiuvandus est.	Der Freund muß von mir unterstützt werden./ Ich muß den Freund unterstützen.
Tibi nunc tacendum est.	Du mußt jetzt ruhig sein.

Verben, die kein Akkusativobjekt bei sich haben (intransitive Verben), bilden nur ein sogenanntes »unpersönliches« Gerundiv (s. Beispielsatz 2).
Das unpersönliche Gerundiv endet stets auf -um (Ausgang des Neutrum Singular). Seine Wiedergabe entspricht der des »persönlichen« Gerundivs, das aus transitiven Verben gebildet ist (s. Beispielsatz 1 und L XLVIII Beispielsatz 1–2, S. 151).

Oft ist beim unpersönlichen Gerundiv der Urheber nicht erwähnt:
tacendum est = man soll schweigen.

2. Das verallgemeinernde Relativpronomen quīcumque

Quīcumque auxiliō egēbat, ab Elisabeth adiuvabātur.	Wer auch immer/Jeder, der Hilfe brauchte, wurde von Elisabeth unterstützt.
Quīcumque pauper auxiliō egēbat, ab Elisabeth adiuvabātur.	Jeder Arme, der Hilfe brauchte, wurde von Elisabeth unterstützt.

a) Verwendung

Das verallgemeinernde Relativpronomen wird ohne Unterschied der Form nicht nur substantivisch, sondern auch adjektivisch verwendet.

b) Deklination

Mask.	Fem.	Neutr.
quīcumque	quaecumque	quodcumque
	cuiuscumque usw.	

Quīcumque wird wie das Relativpronomen quī, quae, quod (vgl. L XV, S. 59) dekliniert.

c) Wiedergabe

Quīcumque	quaecumque	quodcumque
läßt sich mit		
wer auch immer/ jeder, der	wer auch immer/ jede, die	was auch immer/ jedes, das
übersetzen.		

d) Funktionen

Bei adjektivischer Verwendung (Beispielsatz 2) dient quīcumque als Attribut, bei substantivischer als Subjekt (Beispielsatz 1), Objekt oder Adverbiale eines Satzes.

Übersicht über Lektion 41–49

Syntax

Satzpositionen
- Subjekt: Subjektsatz: indirekte Fragesätze (L. XLV 2 a, d, S. 144 f.)
- Prädikat: Präd.nom.: nd-Form.: adjektivische nd-Form (L. XLVIII 1 b–d, S. 151 f.) – Tempora: Gleichzeitigkeit (L. XLIV 2 d, S. 142); Vorzeit. (L. XLV 2 c, S. 145)
- Objekt: Funkt. d. Abl. (L. XLII 3, S. 134) – Objektsatz: indir. Fragesätze (L. XLV 2 a, d, S. 144 f.)
- Adverbiale: Abl. d. Vergl. (L. XLI 2, S. 132) – Funkt. d. Abl. (L. XLII 3, S. 134) – Dat. d. Urh. (L. XLVIII 2, S. 152) – adverb. Nebensätze: final (L. XLIV 2, S. 139–142; XLV 1 a, S. 143) – konsekutiv (L. XLVI 1 b–c, S. 146 f.)
- Attribut: semantische und syntaktische Funktionen d. Abl. (L. XLII 3, S. 134)
- Reflexivität (L. XLV 1b, S. 143)

Satzarten: Aufforderungs- u. Wunschs.: (L. XLVII 1, S. 149 f., XLVII 2, S. 150)

Formenlehre

Konjugationen
- a- u. e-Konjug.: Konj. Präs. (L. XLIV 2 b, S. 141); Konj. Perf. (L. XLV 2 b, S. 144); nd-Formen: adjektivische nd-Form (L. XLVIII 1a, S. 151; IL 1, S. 153)
- ĭ-Konjug.: Konj. Präs. (L. XLIV 2 b, S. 141); Konj. Perf. (L. XLV 2 b, S. 144); nd-Formen: adjektivische nd-Form (L. XLVIII 1 a, S. 151; IL 1, S. 153)
- ī-Konjug.: Konj. Präs. (L. XLIV 2 b, S. 141); Konj. Perf. (L. XLV 2 b, S. 144); nd-Formen: adjektivische nd-Form (L. XLVIII 1 a, S. 151; IL 1, S. 153)
- konson. Konjug.: Konj. Präs. (L. XLIV 2 b, S. 141); Konj. Perf. (L. XLV 2 b, S. 144); nd-Formen: adjektivische nd-Form (L. XLVIII 1a, S. 151; IL 1, S. 153)
- esse: Konj. Präs. (L. XLIV 2 b, S. 141); Konj. Perf. (L. XLV 2 b, S. 144)
- posse: Konj. Präs. (L. XLIV 2 b, S. 141)
- īre: Konj. Präs. (L. XLIV 2 b, S. 141); Konj. Perf. (L. XLV 2 b, S. 144); nd-Formen: adjektivische nd-Form (L. XLVIII 1 a, S. 151; IL 1, S. 153)
- velle, nōlle, mālle: (L. XLVI 2, S. 147 f.)

Deklinationen:
- a- u. o- Dekl., Adjekt.: regelm. Kompar. (L. XLI 1, S. 131 f.) – unregelm. Kompar. (L. XLII 1, S. 133) – Kompar. d. Adverb. (L. XLIII 1, S. 137)
- 3. Dekl., Adjektive: regelm. Kompar. (L. XLI 1, S. 131 f.) – unregelm. Kompar. (L. XLII 1, S. 133) – Kompar. d. Adverbien (L. XLIII 1, S. 137)
- Pronomina: Indefinit.: quisque (L. XLII 2, S. 133 f.) – aliquis (L. XLIII 2, S. 137 f.) – quisquam (L. XLIV 1, S. 139) Rel.: quicumque (L. IL 2, S. 153 f.)

Lectio LI

1. Die nd-Formen zur Bezeichnung von Zweck und Ziel

Adjektivische nd-Form (Gerundiv)

Lēgātiōnēs ad Caesarem vēnērunt, ut obsidēs darent et ad vectīgālia pendenda.

Gesandtschaften kamen zu Caesar, um Geiseln zu stellen und um Steuern zu zahlen.

Lēgātiō amīcitiae appetendae causā vēnit.

Die Gesandtschaft kam, um Freundschaft zu erbitten.

Herī Mārcus mihi librum legendum dedit.

Gestern gab mir Markus ein Buch zum Lesen/zu lesen.

Substantivische nd-Form (Gerund)

Hic locus ad transeundum aptus est.
Vgl.: This place is suitable for crossing.

Diese Stelle ist zum Überqueren/zur Überquerung geeignet.

Germānī praedandī causā vēnērunt.
Vgl.: The Teutons came for the sake (purpose) of plundering.

Die Germanen kamen um zu plündern/der Plünderung wegen.

Haec aedificia ad bene vīvendum apta sunt.
Vgl.: These buildings are suitable for living in well.

In diesen Gebäuden läßt sich gut leben/Diese Gebäude sind geeignet zu einer guten Lebensführung/, in ihnen gut zu leben.

a) Das Gerund (der substantivierte Infinitiv)

In den Beispielsätzen 4, 5 und 6 steht das Gerund (bzw. Gerundium), eine nd-Form, die dem englischen gerund bzw. dem deutschen substantivierten Infinitiv oder dem deutschen Verbalsubstantiv auf -ung entspricht.
Auch diese nd-Form leitet sich von einem Verb ab; an ihrer Form läßt sich jedoch erkennen, daß sie kein Verbaladjektiv, sondern ein Verbalsubstantiv ist:

Bildungsweise und Deklination

Nominativ	cantare	das Singen (= zu singen)
Genitiv	cantandī	des Singens
Dativ	cantandō	dem Singen
(Der Dativ des Gerunds kommt nur selten vor)		
Akkusativ nach ad	ad cantandum	zum Singen
Ablativ	cantandō	durch (das) Singen

Präsensstamm	(+	Bindevokal)	+	nd	+	Ausgang der Nomina der o-Deklination im Singular

Satzwertige Konstruktion

Wie im Englischen kann bei einem lateinischen Gerund ein Adverbiale stehen (s. Beispielsatz 6 »bene«); das lateinische Adverbiale läßt sich bei der Übersetzung des Gerunds mit einem Infinitivsatz ebenfalls als ein Adverbiale (vgl. »gut zu leben«), bei der Übersetzung mit einem Verbalsubstantiv als Attribut (vgl. »gute Lebensführung«) wiedergeben.

b) Semantische Funktion der nd-Formen bei ad und causā

In Verbindung mit der Präposition ad (zu, zum Zweck) und dem nachgestellten Verhältniswort (der Postposition) causā (um ... willen, wegen) drücken beide nd-Formen den Zweck oder das Ziel einer Handlung aus; die nd-Formen haben hier daher einen finalen Sinn.

Wiedergabe

- um ... zu + Infinitiv (s. Beispielsatz 1)
- zu + substantivierter Infinitiv/(Verbal-)Substantiv (bei ad) (s. Beispielsatz 6)
  wegen + substantivierter Infinitiv/(Verbal-)Substantiv (bei causā) (s. Beispielsatz 5)
- Finalsatz (eingeleitet durch damit)

c) Das Gerundiv als Prädikativum bei bestimmten Verben.

Ebenfalls zur Bezeichnung des Zwecks einer Handlung steht bei cūrāre (sorgen für, lassen), dare (geben), mittere (schicken), trādere (übergeben, überlassen) das Gerundiv in prädikativer Verwendung.

Wiedergabe

– zu + substantivierter Infinitiv/(Verbal-)Substantiv (s. Beispielsatz 3)
– (zu) + Infinitiv (s. Beispielsatz 3)

2. Das Verb fierī (gemacht zu werden, werden)

Fīat lūx! — Es werde Licht!

Opus brevi fiet. — Die Arbeit wird bald ausgeführt.

	Indikativ Präsens	Konjunktiv Präsens
1. Pers. Sg.	fīō	fīam
2. Pers. Sg.	fīs	fīās
3. Pers. Sg.	fit	fīat
1. Pers. Pl.	fīmus	fīāmus
2. Pers. Pl.	fītis	fīātis
3. Pers. Pl.	fīunt	fīant

	Indikativ Imperfekt	Konjunktiv Imperfekt
1. Pers. Sg.	fīēbam usw.	fierem usw.
	Futur	Infinitiv
1. Pers. Sg.	fīam	fierī
2. Pers. Sg.	fīes usw.	

Fierī bedeutet entweder werden, entstehen, oder es dient dazu, das fehlende Passiv von facere (machen, tun) zu ersetzen.

Lectio LII

1. nd-Formen ohne finalen Sinn

a) Präpositionen und nd-Formen

Adjektivische nd-Form (Gerundiv)

Rōmānī in pontibus exstruendīs māgnam dīligentiam adhibuērunt.	Die Römer gingen bei der Konstruktion von Brücken mit großer Sorgfalt vor.

Substantivische nd-Form (Gerund)

Rōmānī in aedificandō māgnam dīligentiam adhibuērunt.	Die Römer gingen beim Bau mit großer Sorgfalt vor.

In Verbindung mit Präpositionen (im Präpositionalausdruck) werden die nd-Formen im Deutschen meist durch

Präposition + substantivierter Infinitiv/(Verbal-)Substantiv

wiedergegeben. Vergleiche hierzu die Übersetzungsmöglichkeiten bei der Postposition causā und bei der ausschließlich finalen Verwendung von ad (s. L LI 1 b, S. 157).

b) nd-Formen ohne Präpositionen

nd-Formen im Genitiv

Adjektivische nd-Form (Gerundiv)

Difficultātēs pontis exstruendī apud Rōmānōs nōn parvae erant.	Die Schwierigkeiten beim Bau einer Brücke/eine Brücke zu bauen, waren bei den Römern nicht gering.

Substantivische nd-Form (Gerund)

Difficultātēs pontem exstruendī apud Rōmānōs nōn parvae erant.	(Übersetzung s. oben)
Vgl.: The difficulties in building a bridge were not small in Roman times.	
Ars cantandī	Die Kunst des Singens/ Die Kunst zu singen
Vgl.: The art of singing	

nd-Formen, die im Genitiv stehen, können
– nominal als substantivierter Infinitiv/(Verbal-)Substantiv – verbal durch einen Infinitivsatz
wiedergegeben werden.

Das englische Gerund kann wie das lateinische durch ein Objekt ergänzt sein: in building a bridge; im Deutschen steht das Genitivattribut: beim Bau einer Brücke.

nd-Formen im Ablativ

Adjektivische nd-Form (Gerundiv)

Ponte exstruendō Rōmānī Germānōs terruērunt.	Durch den Bau einer Brücke/ Dadurch, daß sie eine Brücke bauten, erschreckten die Römer die Germanen.

Substantivische nd-Form (Gerund)

Pontem exstruendō Rōmānī Germānōs terruērunt.	(Übersetzung s. oben)
Vgl.: The Romans frightened the Teutons by building a bridge.	
Agendō discimus.	Wir lernen durch Handeln/dadurch, daß/indem wir handeln.
Vgl.: We learn by doing.	

nd-Formen, die im Ablativ stehen, können ebenfalls
– nominal als substantivierter Infinitiv/(Verbal-)Substantiv (durch das Bauen/den Bau) – verbal durch einen adverbialen Nebensatz (hier: Modalsatz: dadurch, daß sie eine Brücke bauten)
wiedergegeben werden.

Beachte, daß die nd-Formen im Zeitverhältnis der Gleichzeitigkeit zum Prädikat des übergeordneten Satzes stehen.

c) Semantische Funktion

In den obigen Verwendungsarten bezeichnen die nd-Formen weder eine Notwendigkeit (s. L XLVIII 1 c, S. 152) noch eine Finalität (s. L LI 1 b/c, S. 157 f.), sondern einen nicht vollendeten oder sich gerade vollziehenden Vorgang.

d) Syntaktische Funktion

Die nd-Formen können hier die Satzpositionen
– des Attributs (ars cantandī) und – des Adverbiales (agendō discimus) ausfüllen.

2. Semideponentien

Hōc nūntiō < gaudeō. / gavīsus sum.

Über diese Nachricht < freue ich mich. / freute ich mich.

Semideponentien (= Halbdeponentien) kommen in zwei Erscheinungsformen vor:

a) Aktivische Formen im Verbalstamm

ē-Konjugation			
audēre	wagen, sich trauen		
audeō	ich wage	ausus, -a sum	ich wagte/habe gewagt
gaudēre	sich freuen		
gaudeō	ich freue mich	gāvīsus, -a sum	ich freute mich
solēre	gewohnt sein		
soleō	ich bin gewohnt	solitus, -a sum	ich war gewohnt
Konsonantische Konjugation			
confīdere	vertrauen		
cōnfīdō	ich vertraue	cōnfīsus, -a sum	ich vertraute

Die oben stehenden Semideponentien haben im Verbalstamm aktivische Formen mit aktivischer Bedeutung, im Partizip II-Stamm passivische Formen mit aktivischer Bedeutung.

b) Passivische Formen im Verbalstamm

Konsonantische Konjugation			
revertī	zurückkehren		
revertor	ich kehre zurück	revertī	ich kehrte zurück

Das Semideponens revertī hat im Verbalstamm passivische Formen mit aktivischer Bedeutung, im Perfektstamm aktivische Formen mit aktivischer Bedeutung. Das Partizip II besitzt aktivische Bedeutung:
reversa: eine, die zurückgekehrt ist.

Lectio LIII

1. Funktionen des Genitivs: Zusammenfassung

Nomina, die im Genitiv stehen, füllen entweder die Satzpositionen des Attributs bzw. Prädikatsnomens oder des Objekts aus.

a) Der Genitiv beim Attribut und/oder Prädikatsnomen

- Genitiv des Besitzers (Genitivus possessivus) s. L VI 1 b, S. 31 f.)
- Genitivus subiectivus/obiectivus (s. L XII 4, S. 51).

Nēmō nostrum	Niemand von uns
Nihil novī	Nichts Neues

- Teilungsgenitiv (Genitivus partitivus)

Mīlitēs imperātōrem māgnī aestimāvērunt.	Die Soldaten schätzten ihren Feldherrn hoch/sehr.

- Genitiv des Wertes (Genitivus pretii)

Prädikatsnomen zur Bezeichnung eines Werts bei den kopulativ verwendeten Verben putāre, facere, aestimāre in der Bedeutung schätzen.

b) Der Genitiv als Objekt

Num huius Caligulae dictī oblītus es?	Hast du etwa diesen Spruch Caligulas vergessen?
Aedificandī perītī sunt.	Sie haben Erfahrung im Bauen.

Objekt bei Verben mit der Bedeutung sich erinnern/vergessen und bei Adjektiven wie perītus, -a, -um (erfahren), cupidus, -a, -um (s. L XXXIX 2 b, S. 128) u. a.

2. Verba defectiva

Linguam Latīnam nōvimus.	Wir haben die lateinische Sprache kennengelernt/ Wir kennen die lateinische Sprache.
Aedēs aedificāre coepērunt.	Sie begannen, das Haus zu bauen.

a) Perfektformen mit präsentischer Bedeutung

Die folgenden Verben kommen in der Regel nur in den Formen des Perfektstamms vor. Ihr Perfekt wird dabei mit dem deutschen Präsens, ihr Plusquamperfekt mit dem Präteritum, ihr Futur II (s. L LIV 2, S. 165 f.) mit dem Futur I wiedergegeben. Der Infinitiv Perfekt wird als Infinitiv Präsens übersetzt.

meminisse	sich erinnern	meminī	ich erinnere mich
nōvisse	kennen	nōvī	ich kenne
ōdisse	hassen	ōdī	ich hasse

Beachte: Zu nōvisse gibt es auch die präsentische Form nōscere (kennen lernen); nōvisse kann dann je nach Kontext auch mit kennengelernt (zu) haben übersetzt werden.

b) Nur Perfektformen üblich

coepisse	angefangen zu haben	coepī	ich habe angefangen, fing an

c) Nur in einigen wenigen Formen üblich

– āiō, ais, ait; āiunt	Präsens	ich sage, du sagst, er/sie/es sagt; sie sagen
– ait	Perfekt	er/sie/es sagte (hat gesagt)
– inquit	Präsens/Perfekt	er/sie/es sagt(e)

Lectio LIV

1. Cum-Sätze: Zusammenfassung

Semantische Funktion	Modus	Wiedergabe	Art des Adverbialsatzes
cum temporale/relativum	Indikativ	(dann,) wenn	Temporalsatz
iterativum	Indikativ	(jedesmal,) wenn	Temporalsatz
narrativum/historicum	Konjunktiv	als, nachdem	Temporalsatz
causale	Konjunktiv	da, weil	Kausalsatz
concessivum	Konjunktiv	obwohl	Konzessivsatz

2. Futur II

Cum mōrum invēneris, amōre nostrō fruī poterimus.

Wenn du den Maulbeerbaum gefunden hast/findest, werden wir unsere Liebe genießen können.

Proximō annō id assecūtus erō.

Im nächsten Jahr werde ich das schon erreicht haben.

Vgl.: I will have achieved that by next year.

a) Formen

Aktiv

1. Pers. Sg.	invēnerō	ich werde gefunden haben	1. Pers. Pl.	invēnerimus
2. Pers. Sg.	invēneris	du wirst gefunden haben	2. Pers. Pl.	invēneritis
3. Pers. Sg.	invēnerit	usw.	3. Pers. Pl.	invēnerint

Bildungsweise:

Perfektstamm +	Tempuszeichen (-er-/-eri-) + Personalendung

Passiv

1. Pers. Sg. usw.	inventus, -a, -um erō ich werde gefunden (worden) sein

Bildungsweise:

Partizip II (PPP)	+	Futur I von esse

b) Verwendung

Das Futur II kommt im Lateinischen zumeist in einem Subjunktional- oder Relativsatz vor; nur selten steht es in einem Hauptsatz. Beim Subjunktionalsatz findet es sich vor allem im Prädikat von Temporal- und Kondizionalsätzen.

c) Wiedergabe

Nur im Hauptsatz wird das lateinische Futur II auch im Deutschen und im Englischen als solches wiedergegeben; im Nebensatz wird es im Deutschen teils mit dem Perfekt, teils mit dem Präsens übersetzt.

d) Zeitverhältnisse und semantische Funktion

Cum mōrum invēneris, amōre nostrō fruī poterimus.

Das Futur II bezeichnet zukünftige Handlungen oder Ereignisse, die vor einer anderen zukünftigen Handlung/einem anderen zukünftigen Ereignis schon abgeschlossen oder vollendet sind (vgl. die Bezeichnung Futur exakt von exigere = vollenden). Das Futur II steht daher im Zeitverhältnis der Vorzeitigkeit zum Futur I.

Lectio LV

1. Das Partizip Futur Aktiv

Orpheus uxōrem suam recuperātūrus in Tartarum dēscendit.

Weil Orpheus seine Ehefrau wiedergewinnen wollte/Um seine Ehefrau wiederzugewinnen, stieg Orpheus in den Tartarus hinab.

a) Form

Partizip II	Partizip Futur Aktiv	Bedeutung
monitus, -a, -um	monitūrus, -a, -um	einer, der mahnen will/wird
offēnsus, -a, -um	offensūrus, -a, -um	einer, der beleidigen will/wird

Die Form des Partizip Futur Aktiv ist von der Form des Partizip Perfekt Passiv abgeleitet.

Statt dem Suffix	-tus, -a, -um	findest du hier das Suffix	-tūrus, -a, -um

b) Funktionen und Zeitverhältnis

Wie das Partizip I (PPA) und das Partizip II (PPP) kann auch das Partizip Futur Aktiv (PFA) als Participium coniunctum verwendet sein. Als PC läßt sich das Partizip Futur Aktiv mit den bekannten Sinnrichtungen eines PC übersetzen (in diesem Beispielsatz kausal).

Darüber hinaus kann das PFA eine Finalität (Absicht) ausdrücken, so daß es sich im Deutschen mit

um ... zu	+	Infinitiv

wiedergeben läßt.

Im Beispielsatz steht das PFA also an der Satzposition des Prädikativums.

2. Der Infinitiv Futur Aktiv

Orpheus spērat deōs uxōrem redditūros esse.

Orpheus hofft, daß die Götter seine Ehefrau zurückgeben (werden).

a) Form

laudātūrum, -am / laudātūros, -as esse	
Partizip Futur Aktiv (meist im Akkusativ)	+ esse

b) Funktion, Zeitverhältnis und Wiedergabe

Der Infinitiv Futur Aktiv dient häufig als Prädikatsinfinitiv innerhalb eines AcI. Er steht zum Prädikat des übergeordneten Satzes im Zeitverhältnis der Nachzeitigkeit. Die Nachzeitigkeit kann auch im Deutschen ausgedrückt werden, hier z. B. durch das Futur des Verbums im daß-Satz.

3. Temporalsätze: Zusammenfassung

a) Form

Subjunktion	Modus	Wiedergabe	Zeitverhältnis
cum	Indikativ	(dann,) wenn (jedesmal,) wenn	gleichzeitig
dum	Indikativ (Präsens)	während	
cum	Konjunktiv	als	
postquam	Indikativ (Perfekt)	nachdem	vorzeitig
ubī	Indikativ (Perfekt)	sobald (als)	
cum	Konjunktiv	als, nachdem	
priusquam	Indikativ	bevor, ehe	nachzeitig

Vergleiche L LIV 1, S. 165 (cum-Sätze).

b) Funktionen

Temporalsätze stehen im Satzgefüge an der Position des Adverbiales. Sie geben einen Zeitpunkt oder einen Zeitablauf an.

Lectio LVI

1. Der NcI (Nominativus cum Infinitivo, Nominativ mit Infinitiv)

Orpheus optima carmina cantāvisse dīcitur.	Es wird gesagt/Man sagt, Orpheus habe wunderschöne Lieder gesungen./
Vgl.: Orpheus is said to have sung beautiful songs.	Orpheus soll wunderschöne Lieder gesungen haben./ Angeblich hat Orpheus wunderschöne Lieder gesungen.
Plūtō et Prōserpina cantū eius movērī videntur.	Pluto und Proserpina scheinen durch seinen Gesang beeindruckt zu werden/Anscheinend werden Pluto und Proserpina durch seinen Gesang beeindruckt.
Vgl.: Pluto and Proserpina seem to be moved by his songs.	

a) Form und syntaktische Funktion

Kommen transitive Verben wie dīcere, vidēre, putāre, trādere, iubēre im Passiv vor, so kann beim Nominativ des Subjekts zusätzlich ein Infinitiv stehen; eine solche Kombination heißt NcI.

	Orpheus optimē cantāvisse	dīcitur.
SP:	**Subjekt**	**Prädikat**

Orpheus soll sehr schön gesungen haben.

Der NcI füllt im Satz die Position des Subjekts aus.

b) Wiedergabe

Dīcitur, fertur, narrātur, trāditur (auch: dīcuntur usw.) sowie vidētur bzw. videntur (s. Beispielsätze) können übersetzt werden durch eine:

– unpersönliche Konstruktion: Man sagt/berichtet/erzählt/überliefert, daß ...
Es scheint, daß ...

– persönliche Konstruktion: Er/sie/es soll (z. B.: gesungen haben)/Sie sollen ...
Er sie/es scheint (z. B.: beeindruckt zu werden)/Sie scheinen ...

– adverbiale Konstruktion: Angeblich hat er/sie/es gesungen/haben sie ...
Anscheinend wird er/sie/es beeindruckt/Anscheinend werden sie ...

2. Kausalsätze: Zusammenfassung

a) Form

Subjunktion	Modus	Wiedergabe
cum	Konjunktiv	da, weil
quod/quia	Indikativ	weil

b) Funktionen

Kausalsätze füllen im Satzgefüge die Position des Adverbiales. Sie geben die Begründung eines Sachverhalts an und können zur Handlung des übergeordneten Satzes im Verhältnis der Vorzeitigkeit oder Gleichzeitigkeit stehen.

3. Behauptungssätze mit der Subjunktion quod (faktisches quod)

Hōc ūnō Polyphēmus eī placēre voluit, quod divitiās suās ēnumerāvit.

Allein dadurch wollte Polyphem ihr gefallen, daß er seinen ganzen Reichtum aufzählte.

Bene accidit, quod Polyphēmus amantēs diū nōn invēnit.

Es traf sich gut, daß Polyphem die Liebenden lange nicht fand.

Polyphēmus aegrē nōn tulit, quod sine sociō vītam agēbat.

Polyphem ärgerte sich nicht darüber, ohne Partner zu leben.

Beispielsatz	Funktion/Verwendung	Übersetzung
1	Attribut/Erläuterung eines Pronomens	(nämlich) daß
2	Subjekt/Erläuterung eines Sachverhaltes	daß
3	Objekt/Darstellung eines Gefühls oder einer inneren Einstellung	daß/... zu + Inf.

Lectio LVII

1. Adverbiale: konjunktivische Relativsätze

a) Finale Sinnrichtung

Multī Rōmānī filiōs Athēnās mittēbant, quī (= ut) litterīs Graecīs ibī studērent.	Viele Römer schickten ihre Söhne nach Athen, die dort die griechischen Wissenschaften studieren sollten/ damit sie dort die griechischen Wissenschaften studierten.

Ein Relativsatz, dessen Prädikat im Konjunktiv steht (hier: studērent), kann ebenso wie ein durch ut eingeleiteter Finalsatz (s. L. XLIV 2, S. 139–141) oder wie eine finale nd-Form (s. L LI 1 b, S. 157) die Satzposition eines Adverbiales mit finaler Sinnrichtung einnehmen.

b) Kausale Sinnrichtung

Praeferō comoediās Plautī, quī (= cum) mōrēs hominum illūdere audeat.	Ich bevorzuge die Komödien des Plautus, der (= weil er) es wagt, sich über die Gewohnheiten der Menschen lustig zu machen.

Hier übernimmt der konjunktivische Relativsatz die Funktion eines kausalen Adverbiales.

c) Konsekutivische Sinnrichtung

Sunt, quī dīcant Rōmānōs lūdīs gladiātōriīs dēlectātōs esse.	Es gibt Leute, die behaupten, die Römer hätten an Gladiatorenspielen Spaß gehabt.
Comoediae nōnnūllīs poētīs Rōmānīs dīgnae vidēbantur, quae in sermōnem Latīnum verterentur.	Einigen römischen Dichtern schienen die griechischen Komödien würdig/wert, ins Lateinische übersetzt zu werden.

Die konsekutivische Sinnrichtung liegt vor allem bei den folgenden Wendungen vor:

Sunt, quī …	Es gibt Leute, die …
Nēmō est, quī …	Es gibt niemanden, der …
Quis est, quī …	Wo gibt es jemand, der … ?
Dīgnus, -a, -um, quī …	Würdig/Wert sein zu …/Es verdienen zu …

Konjunktivische Relativsätze können also entweder mit dem Relativpronomen
oder
mit der je nach Kontext passenden adverbialen Subjunktion (damit – da/weil – daß) wiedergegeben werden.

2. Numeralia (Zahlwörter)

Ziffer		Grundzahl	Ordnungszahl
I	1	ūnus, -a, -um	prīmus, -a, -um
II	2	duo, duae, duo	secundus oder alter, -a, -um
III	3	trēs, tria	tertius …
IV	4	quattuor	quārtus
V	5	quīnque	quīntus
VI	6	sex	sextus
VII	7	eptem	septimus
VIII	8	octō	octāvus
IX	9	novem	nōnus
X	10	decem	decimus
XI	11	ūndecim	ūndecimus
XII	12	duodecim	duodecimus
XIII	13	trēdecim	tertius decimus
XIV	14	quattuordecim	quārtus decimus
XV	15	quīndecim	quīntus decimus
XVI	16	sēdecim	sextus decimus
XVII	17	septendecim	septimus decimus
XVIII	18	duodēvīgintī	duodēvicēsimus
XIX	19	ūndēvīgintī	ūndēvicēsimus
XX	20	vīgintī	vīcēsimus
XXI	21	vīgintī ūnus oder ūnus et vīgintī	vīcēsimus prīmus oder prīmus et vīcēsimus
XXX	30	trīgintā	trīcēsimus
XL	40	quadrāgintā	quadrāgēsimus
L	50	quīnquāgintā	quīnquāgēsimus
LX	60	sexāgintā	sexāgēsimus
LXX	70	septuāgintā	septuāgēsimus

LXXX	80	octōgintā	octōgēsimus
XC	90	nōnāgintā	nōnāgēsimus
C	100	centum	centēsimus
CC	200	ducentī, -ae, -a	ducentēsimus
CCC	300	trecentī …	trecentēsimus
CCCC	400	quadringentī	quadringentēsimus
D	500	quīngentī	quīngentēsimus
DC	600	sescentī	sescentēsimus
DCC	700	septingentī	septingentēsimus
DCCC	800	octingentī	octingentēsimus
CM	900	nōngentī	nōngentēsimus
M	1000	mīlle	mīllēsimus
MM	2000	duo mīlia	bis mīllēsimus

Sēdecim mīlia hominum 16000 Menschen

Nach mīlia steht der Genitivus partitivus (s. L VI 1 b, S. 31).

Lectio LVIII

Funktionen des Akkusativs (Zusammenfassung)

1. Neue Funktionen

a) Verben mit zwei Akkusativobjekten

Id tē cēlābō. — Das werde ich dir verheimlichen.

Manche transitiven Verben (z. B. cēlāre, docēre) haben zwei Akkusativobjekte.

b) Ausruf

»Heu mē miserum!« — »Ach, ich Armer!«

– Akkusativ des Ausrufs.

2. Bekannte Funktionen

a) Der Akkusativ als Satzglied

Frage	syntaktische Funktion	semantische Funktion
Wen oder was?	Objekt	Ziel der Handlung
Wie lange?	Adverbiale	Zeitdauer
Wohin?	Adverbiale	Richtung

b) Sonstige Verwendungen

- AcI (s. L XII 2, S. 48 f. und XIII 1, S. 53)
- doppelter Akkusativ (s. L XXXIV 2, S. 114 f.)

Lectio LIX

Funktionen des Dativs (Zusammenfassung)

1. Objekt

Intransitive Verben werden durch ein Dativobjekt ergänzt (s. L V 1 b, S. 25).

2. Adverbiale

a) Dativ des Vorteils/Nachteils (dativus commodi/incommodi)

Nōn scholae, sed vītae discimus.	Nicht für die Schule, sondern für das Leben lernen wir.

(vgl. L V 1 c, S. 26)

b) Dativ des Urhebers (dativus auctoris)

Pacta nōbīs servanda sunt.	Wir müssen Verträge einhalten.

Der dativus auctoris steht bei der nd-Form + esse (s. L XLVIII 2, S. 152).

3. Prädikatsnomen

a) Dativ des Besitzers bei esse (dativus possessivus)

(vgl. L V 2 d, S. 26 f.)

b) Dativ des Zwecks: doppelter Dativ (dativus finalis)

Deī hominibus exemplō sunt.	Die Götter dienen den Menschen als Vorbild.

Dativus finalis neben einem Dativ der Person (s. L XXVIII 2, S. 97 f.); bei Wendungen wie auxiliō venīre kommt der Dativ des Zwecks auch als Adverbiale vor.

Übersicht über Lektion 51–59

Syntax

Satzpositionen

- Subjekt: NcI (L. LVI 1, S. 169 f.) – Behauptungssätze (L. LVI 3, S. 170)
- Prädikat: Prädikatsnomen: Gen. (L. LIII 1 a, S. 163) – Dat. d. Besitzers u. d. Zwecks (L. LIX 3, S. 175) – Prädikativum: nd-Formen: Verbaladj. (L. LI 1 c, S. 158) – PFA (L. LV 1 b, S. 167) – Futur II: Zeitverhältnisse u. semant. Funktion: (L. LIV 2 d, S. 181) – Inf. Fut. Akt. (L. LV 2 b, S. 168)
- Objekt: Gen. (L. LIII 1 b, S. 163) – Behauptungssätze (L. LVI 3, S. 170) – Funkt. d. Akk. (L. LVIII 1–2, S. 174) – Funkt. d. Dat. (L LIX 1, S. 175)
- Adverbiale: nd-Formen: adjekt. u. substant. nd-Form (L. LII 1, S. 159–161) – Funkt. d. Akk. (L. LVIII 1–2, S. 174) – Funkt. d. Dat. (L. LIX 2, S. 175) – cum-Sätze (L. LIV 1, S. 165) – Temporalsätze (L. LV 3, S. 168) – Kausalsätze (L. LVI 2, S. 170) – konjunkt. Rel.-Sätze (L. LVII 1, S. 171 f.)
- Attribut: nd-Formen: adjekt. u. substant. nd-Form (L. LII 1, S. 159–161) – Behauptungssätze (L. LVI 3, S. 170)
- satzw. Konstr.: subst. nd-Form (L. LI 1 a, S. 157) – NcI (L. LVI 1, S. 169 f.)

Formenlehre

Konjugationen

- a-Konjug.: nd-Formen: subst. nd-Form (L. LI 1 a, S. 156 f.) – Futur II (L. LIV 2, S. 165 f.) – PFA (L. LV 1 a, S. 167) – Inf. Fut. Akt. (L. LV 2 a, S. 167 f.)
- e-Konjug.: d-Formen: subst. nd-Form (L. LI 1 a, S. 156 f.) – Futur II (L. LIV 2, S. 165 f.) – Semideponentien (L. LII 2, S. 161 f.) – PFA (L. LV 1 a, S. 167) – Inf. Fut. Akt. (L. LV 2 a, S. 167 f.)
- ĭ-Konjug.: nd-Formen: subst. nd-Form (L. LI 1 a, S. 156 f.) – Futur II (L. LIV 2, S. 165 f.) – PFA (L. LV 1 a, S. 167) – Inf. Fut. Akt. (L. LV 2 a, S. 167 f.)
- ī-Konjug.: nd-Formen: subst. nd-Form (L. LI 1 a, S. 156 f.) – Futur II (L. LIV 2, S. 165 f.) – PFA (L. LV 1 a, S. 167) – Inf. Fut. Akt. (L. LV 2 a, S. 167 f.)
- konson. Konjug.: nd-Formen: subst. nd-Form (L. LI 1 a, S. 156 f.) – Futur II (L. LIV 2, S. 165 f.) – Semideponentien (L. LII 1 a–b, S. 161 f.) – PFA (L. LV 1 a, S. 167) – Inf. Fut. Akt. (L. LV 2 a, S. 167 f.)
- esse/posse: Futur II (L. LIV 2 a–c, S. 165 f.) – PFA (L. LV 1 a, S. 167)
- īre: nd-Formen: subst. nd-Form (L. LI 1 a, S. 156 f.) – Futur II (L. LIV 2, S. 165 f.) – PFA (L. LV 1 a, S. 167)
- fierī: (L. LI 2, S. 158) – verba defectiva: (L. LIII 2, S. 164)

Deklinationen

- Numeralia: (L. LVII 2, S. 172 f.)

Präsens- oder Verbalstamm:			**Aktiv**		
	ā-Konjugation	ē-Konjug.	konsonantische	ĭ-Konjug.	ī-Konjug.
Indikativ Präsens					
1. Pers. Sg.	vocō	doceō	pōnō	capiō	audiō
2. Pers. Sg.	vocās	docēs	pōnis	capis	audīs
3. Pers. Sg.	vocat	docet	pōnit	capit	audit
1. Pers. Pl.	vocāmus	docēmus	pōnimus	capimus	audīmus
2. Pers. Pl.	vocātis	docētis	pōnitis	capitis	audītis
3. Pers. Pl.	vocant	docent	pōnunt	capiunt	audīunt
Konjunktiv Präsens					
1. Pers. Sg.	vocem	doceam	pōnam	capiam	audiam
2. Pers. Sg.	vocēs	doceās	pōnās	capiās	audiās
3. Pers. Sg.	vocet	doceat	pōnat	capiat	audiat
1. Pers. Pl.	vocēmus	doceāmus	pōnāmus	capiāmus	audiāmus
2. Pers. Pl.	vocētis	doceātis	pōnātis	capiātis	audiātis
3. Pers. Pl.	vocent	doceant	pōnant	capiant	audiant
Indikativ Imperfekt					
1. Pers. Sg.	vocābam	docēbam	pōnēbam	capiēbam	audiēbam
2. Pers. Sg.	vocābās	docēbās	pōnēbās	capiēbās	audiēbās
3. Pers. Sg.	vocābat	docēbat	pōnēbat	capiēbat	audiēbat
1. Pers. Pl.	vocābāmus	docēbāmus	pōnēbāmus	capiēbāmus	audiēbāmus
2. Pers. Pl.	vocābātis	docēbātis	pōnēbātis	capiēbātis	audiēbātis
3. Pers. Pl.	vocābant	docēbant	pōnēbant	capiēbant	audiēbant
Konjunktiv Imperfekt					
1. Pers. Sg.	vocārem	docērem	pōnerem	caperem	audīrem
2. Pers. Sg.	vocārēs	docērēs	pōnerēs	caperēs	audīrēs
3. Pers. Sg.	vocāret	docēret	pōneret	caperet	audīret
1. Pers. Pl.	vocārēmus	docērēmus	pōnerēmus	caperēmus	audīrēmus
2. Pers. Pl.	vocārētis	docērētis	pōnerētis	caperētis	audīrētis
3. Pers. Pl.	vocārent	docērent	pōnerent	caperent	audīrent
Futur I					
1. Pers. Sg.	vocābō	docēbō	pōnam	capiam	audiam
2. Pers. Sg.	vocābis	docēbis	pōnēs	capiēs	audiēs
3. Pers. Sg.	vocābit	docēbit	pōnet	capiet	audiet
1. Pers. Pl.	vocābimus	docēbimus	pōnēmus	capiēmus	audiēmus
2. Pers. Pl.	vocābitis	docēbitis	pōnētis	capiētis	audiētis
3. Pers. Pl.	vocābunt	docēbunt	pōnent	capient	audient
Imperativ					
2. Pers. Sg.	vocā!	docē!	pōne!	cape!	audī!
2. Pers. Pl.	vocāte!	docēte!	pōnite!	capite!	audīte!
Partizip Präsens	vocāns, -antis	docēns, -entis	pōnēns, -entis	capiēns, -entis	audiēns -entis
Infinitiv Präsens					
	vocāre	docēre	pōnere	capere	audīre

Präsens- oder Verbalstamm:			**Passiv**		
	ā-Konjugation	ē-Konjugation	konsonantische Konjugation	ĭ-Konjugation	ī-Konjugation
Indikativ Präsens					
1. Pers. Sg.	vocor	doceor	pōnor	capior	audior
2. Pers. Sg.	vocāris	docēris	pōneris	caperis	audīris
3. Pers. Sg.	vocātur	docētur	pōnitur	capitur	audītur
1. Pers. Pl.	vocāmur	docēmur	pōnimur	capimur	audīmur
2. Pers. Pl.	vocāminī	docēminī	pōniminī	capiminī	audīminī
3. Pers. Pl.	vocantur	docentur	pōnuntur	capiuntur	audiuntur
Konjunktiv Präsens					
1. Pers. Sg.	vocer	docear	pōnar	capiar	audiar
2. Pers. Sg.	vocēris	doceāris	pōnāris	capiāris	audiāris
3. Pers. Sg.	vocētur	doceātur	pōnātur	capiātur	audiātur
1. Pers. Pl.	vocēmur	doceāmur	pōnāmur	capiāmur	audiāmur
2. Pers. Pl.	vocēminī	doceāminī	pōnāminī	capiāminī	audiāminī
3. Pers. Pl.	vocentur	doceantur	pōnantur	capiantur	audiantur
Indikativ Imperfekt					
1. Pers. Sg.	vocābar	docēbar	pōnēbar	capiēbar	audiēbar
2. Pers. Sg.	vocābāris	docēbāris	pōnēbāris	capiēbāris	audiēbāris
3. Pers. Sg.	vocābātur	docēbātur	pōnēbātur	capiēbātur	audiēbātur
1. Pers. Pl.	vocābāmur	docēbāmur	pōnēbāmur	capiēbāmur	audiēbāmur
2. Pers. Pl.	vocābāminī	docēbāminī	pōnēbāminī	capiēbāminī	audiēbāminī
3. Pers. Pl.	vocābantur	docēbantur	pōnēbantur	capiēbantur	audiēbantur
Konjunktiv Imperfekt					
1. Pers. Sg.	vocārer	docērer	pōnerer	caperer	audīrer
2. Pers. Sg.	vocārēris	docērēris	pōnerēris	caperēris	audīrēris
3. Pers. Sg.	vocārētur	docērētur	pōnerētur	caperētur	audīrētur
1. Pers. Pl.	vocārēmur	docērēmur	pōnerēmur	caperēmur	audīrēmur
2. Pers. Pl.	vocārēminī	docērēminī	pōnerēminī	caperēminī	audīrēminī
3. Pers. Pl.	vocārentur	docērentur	pōnerentur	caperentur	audīrentur
Futur I					
1. Pers. Sg.	vocābor	docēbor	pōnar	capiar	audiar
2. Pers. Sg.	vocāberis	docēberis	pōnēris	capiēris	audiēris
3. Pers. Sg.	vocābitur	docēbitur	pōnētur	capiētur	audiētur
1. Pers. Pl.	vocābimur	docēbimur	pōnēmur	capiēmur	audiēmur
2. Pers. Pl.	vocābiminī	docēbiminī	pōnēminī	capiēminī	audiēminī
3. Pers. Pl.	vocābuntur	docēbuntur	pōnentur	capientur	audientur
Infinitiv Präsens					
	vocārī	docērī	pōnī	capī	audīrī

Perfektstamm:			Aktiv		
	ā-Konjugation	ē-Konjugation	konsonantische Konjugation	ĭ-Konjugation	ī-Konjugation
Indikativ Perfekt					
1. Pers. Sg.	vocāvī	docuī	posuī	cēpī	audīvī
2. Pers. Sg.	vocāvistī	docuistī	posuistī	cēpistī	audīvistī
3. Pers. Sg.	vocāvit	docuit	posuit	cēpit	audīvit
1. Pers. Pl.	vocāvimus	docuimus	posuimus	cēpimus	audīvimus
2. Pers. Pl.	vocāvistis	docuistis	posuistis	cēpistis	audīvistis
3. Pers. Pl.	vocāvērunt	docuērunt	posuērunt	cēpērunt	audīvērunt
Konjunktiv Perfekt					
1. Pers. Sg.	vocāverim	docuerim	posuerim	cēperim	audīverim
2. Pers. Sg.	vocāveris	docueris	posueris	cēperis	audīveris
3. Pers. Sg.	vocāverit	docuerit	posuerit	cēperit	audīverit
1. Pers. Pl.	vocāverimus	docuerimus	posuerimus	cēperimus	audīverimus
2. Pers. Pl.	vocāveritis	docueritis	posueritis	cēperitis	audīveritis
3. Pers. Pl.	vocāverint	docuerint	posuerint	cēperint	audīverint
Indikativ Plusquamperfekt					
1. Pers. Sg.	vocāveram	docueram	posueram	cēperam	audīveram
2. Pers. Sg.	vocāverās	docuerās	posuerās	cēperās	audīverās
3. Pers. Sg.	vocāverat	docuerat	posuerat	cēperat	audīverat
1. Pers. Pl.	vocāverāmus	docuerāmus	posuerāmus	cēperāmus	audīverāmus
2. Pers. Pl.	vocāverātis	docuerātis	posuerātis	cēperātis	audīverātis
3. Pers. Pl.	vocāverant	docuerant	posuerant	cēperant	audīverant
Konjunktiv Plusquamperfekt					
1. Pers. Sg.	vocāvissem	docuissem	posuissem	cēpissem	audīvissem
2. Pers. Sg.	vocāvissēs	docuissēs	posuissēs	cēpissēs	audīvissēs
3. Pers. Sg.	vocāvisset	docuisset	posuisset	cēpisset	audīvisset
1. Pers. Pl.	vocāvissēmus	docuissēmus	posuissēmus	cēpissēmus	audīvissēmus
2. Pers. Pl.	vocāvissētis	docuissētis	posuissētis	cēpissētis	audīvissētis
3. Pers. Pl.	vocāvissent	docuissent	posuissent	cēpissent	audīvissent
Futur II					
1. Pers. Sg.	vocāverō	docuerō	posuerō	cēperō	audīverō
2. Pers. Sg.	vocāveris	docueris	posueris	cēperis	audīveris
3. Pers. Sg.	vocāverit	docuerit	posuerit	cēperit	audīverit
1. Pers. Pl.	vocāverimus	docuerimus	posuerimus	cēperimus	audīverimus
2. Pers. Pl.	vocāveritis	docueritis	posueritis	cēperitis	audīveritis
3. Pers. Pl.	vocāverint	docuerint	posuerint	cēperint	audīverint
Infinitiv Perfekt					
	vocāvisse	docuisse	pōsuisse	cēpisse	audīvisse

Perfektstamm:			Passiv		
	ā-Konjugation	ē-Konjugation	konsonantische Konjugation	ĭ-Konjugation	ī-Konjugation
Indikativ Perfekt					
1. Pers. Sg.	vocātus, -a[1] sum	doctus, -a sum	positus, -a sum	captus, -a sum	audītus, -a sum
2. Pers. Sg.	vocātus, -a es	doctus, -a es	positus, -a es	captus, -a es	audītus, -a es
3. Pers. Sg.	vocātus, -a, -um est	doctus, -a -um est	positus, -a, -um est	captus, -a, -um est	audītus, -a, -um est
1. Pers. Pl.	vocāti, -ae sumus	doctī, -ae sumus	positī, -ae sumus	captī, -ae sumus	audītī, -ae sumus
2. Pers. Pl.	vocāti, -ae estis	doctī, -ae estis	positī, -ae estis	captī, -ae estis	audītī, -ae estis
3. Pers. Pl.	vocāti, -ae, -a sunt	doctī, -ae, -a sunt	positī, -ae, -a sunt	captī, -ae, -a sunt	audītī, -ae, -a sunt
Konjunktiv Perfekt					
1. Pers. Sg.	vocātus, -a sim usw.	doctus, -a sim usw.	positus, -a sim usw.	captus, -a sim usw.	audītus, -a sim usw.
Indikativ Plusquamperfekt					
1. Pers. Sg.	vocātus, -a eram usw.	doctus, -a eram usw.	positus, -a eram usw.	captus, -a eram usw.	audītus, -a eram usw.
Konjunktiv Plusquamperfekt					
1. Pers. Sg.	vocātus, -a essem usw.	doctus, -a essem usw.	positus, -a essem usw.	captus, -a essem usw.	audītus, -a essem usw.
Futur II					
1. Pers. Sg.	vocātus, -a erō usw.	doctus, -a erō usw.	positus, -a erō usw.	captus, -a erō usw.	audītus, -a erō usw.
Partizip Perfekt					
	vocātus, -a, -um	doctus, -a, -um	positus, -a, -um	captus, -a, -um	audītus, -a, -um
Infinitiv Perfekt					
	vocātum, -am, -um esse	doctum, -am, -um esse	positum, -am, -um esse	captum, -am, -um esse	audītum, -am, -um esse

[1] Die Form des Neutrum ist in der 1. und 2. Pers. hier nicht aufgeführt, weil sie in lat. Texten aus inhaltlichen Gründen kaum vorkommen wird.

esse			
Präsensstamm			
	Indikativ Präsens	Konjunktiv Präsens	Futur
1. Pers. Sg.	sum	sim	erō
2. Pers. Sg.	es	sīs	eris
3. Pers. Sg.	est	sit	erit
1. Pers. Pl.	sumus	sīmus	erimus
2. Pers. Pl.	estis	sītis	eritis
3. Pers. Pl.	sunt	sint	erunt
	Indikativ Imperfekt	Konjunktiv Imperfekt	Imperativ
1. Pers. Sg.	eram	essem	2. Pers. Sg. es!
2. Pers. Sg.	erās	essēs	2. Pers. Pl. este!
3. Pers. Sg.	erat	esset	
1. Pers. Pl.	erāmus	essēmus	
2. Pers. Pl.	erātis	essētis	Infinitiv
3. Pers. Pl.	erant	essent	esse

Perfektstamm			
	Indikativ Perfekt	Konjunktiv Perfekt	Futur II
1. Pers. Sg.	fuī	fuerim	fuerō
2. Pers. Sg.	fuistī	fueris	fueris
3. Pers. Sg.	fuit	fuerit	fuerit
1. Pers. Pl.	fuimus	fuerimus	fuerimus
2. Pers. Pl.	fuistis	fueritis	fueritis
3. Pers. Pl.	fuērunt	fuerint	fuerint
	Indikativ Plusquamperfekt	Konjunktiv Plusquamperfekt	Infinitiv Perfekt
1. Pers. Sg.	fueram	fuissem	fuisse
2. Pers. Sg.	fuerās	fuissēs	
3. Pers. Sg.	fuerat	fuisset	
1. Pers. Pl.	fuerāmus	fuissēmus	Infinitiv Futur
2. Pers. Pl.	fuerātis	fuissētis	furūrum, -am, -um
3. Pers. Pl.	fuerant	fuissent	esse

Von der Form zur Funktion

FORM

Nominativ eines Nomens (Substantiv, Adjektiv, Pronomen, Numerale, Partizip)
Infinitiv
AcI
NcI
Subjunktionalsatz
Relativsatz

syntaktische Funktion: Subjekt

FORM

Finite Form
- eines Vollverb
- eines Hilfsverbs/kopulativen Vollverbs + Prädikatsnomen im Nom.
- eines Vollverbs + Prädikativum

– von *esse* + Nomen im Gen.
- des Besitzers
- des Wertes

– von *esse* + Nomen im Dativ
- des Zwecks
- des Besitzers

– von *esse* + Nomen im Abl. d. Eigenschaft

syntaktische Funktion: Prädikat

FORM

Genitiv, Dativ, Akkusativ, Ablativ } eines Nomens

Präpositionalausdruck
Infinitiv
AcI
Subjunktionalsatz
Relativsatz

syntaktische Funktion: Objekt

(oder)

FORM

Adjektiv, Pronomen, Numerale, Partizip } in KNG-Kongruenz zu einem Bezugswort

Substantiv
- als Apposition
- im Genitiv
- im Ablativ der Eigenschaft

Gerund im Genitiv
Relativsatz

syntaktische Funktion: Attribut

(oder) (oder) (oder)

FORM

Adverb

Nomen im Akkusativ bei
- Richtungs- und Zeitangaben

Nomen im Ablativ
- der Trennung
- des Mittels
- der Art und Weise
- des Grundes
- der Beziehung
- des Maßes
- des Ortes
- der Zeit
- des Vergleichs

Adjektiv im Genitiv
- des Wertes

Präpositionalausdruck
Gerund im Ablativ
Subjunktionalsatz
konjunktivischer Relativsatz
ablativus absolutus

syntaktische Funktion: Adverbiale

Syntaktisch-semantisches Register

A Syntaktische Funktionen: Satzpositionen

B Syntaktische und semantische Funktionen der Nomina

Nominativ

Genitiv

Dativ

Akkusativ

Ablativ

C Syntaktische und semantische Funktion von Verben

Personen

Tempus

D Syntaktische und semantische Funktionen der Nominalformen des Verbums

Alphabetisches Register